बरेली का इतिहास

भाग 1

साक्ष्यों के आधार पर लिखा गया प्रथम संपूर्ण इतिहास

रजत बिन्दल

बरेली, उत्तर प्रदेश

2026

बरेली का इतिहास

भाग 1

प्रथम संस्करण: 2026

बरेली, उत्तर प्रदेश, भारत

अस्वीकरण

यह पुस्तक ऐतिहासिक शोध और पुरातात्विक साक्ष्यों पर आधारित है।

आर्य प्रश्न पर लेखक ने अपने शोध के आधार पर निष्कर्ष प्रस्तुत किए हैं।

किसी भी त्रुटि के लिए लेखक क्षमाप्रार्थी है।

भूमि हमारी पहचान है। लेकिन उससे पहले, भूमि की अपनी कहानी है।

बरेली की यह कहानी करोड़ों साल पुरानी है।"

– लेखक

Table of Contents

भूमिका

जब मैंने अपनी जड़ों को खोजना शुरू किया

मेरा नाम रजत बिंदल है। मैं बरेली में पैदा हुआ, पला-बढ़ा, और आज भी यहीं रहता हूँ। उम्र के उनसठ साल हो चुके हैं। जीवन का एक लंबा सफर तय कर चुका हूँ। लेकिन कुछ साल पहले तक मुझे यह नहीं पता था कि जिस धरती पर मैं चल रहा हूँ, उसका इतिहास कितना गौरवशाली है।

बरेली के बारे में हम सब क्या जानते हैं? कुछ लोग कहेंगे - यहाँ अच्छे ज़रदोज़ी के काम होते हैं। कुछ कहेंगे - यहाँ सुरमा बनता है। कुछ को याद होगा कि १८५७ के विद्रोह में बरेली की भूमिका थी। कुछ लोग रोहिला पठानों के बारे में बताएंगे। बस इतना ही।

लेकिन क्या यही हमारा पूरा इतिहास है?

नहीं! बिल्कुल नहीं!

हमारा इतिहास इससे कहीं अधिक गहरा है, कहीं अधिक पुराना है, और कहीं अधिक गौरवशाली है। लेकिन यह इतिहास हमसे छिपाया गया। औपनिवेशिक काल में अंग्रेजों ने जान-बूझकर हमारे अतीत को तोड़-मरोड़ कर पेश किया। उन्होंने हमें यह विश्वास दिलाने की कोशिश की कि हम एक पिछड़ी हुई सभ्यता के वंशज हैं, कि हमारी उपलब्धियाँ नगण्य हैं, कि हमारा इतिहास महज कुछ सौ साल पुराना है।

लेकिन सच्चाई कुछ और ही है।

वह दिन जब सब कुछ बदल गया

लगभग तीन साल पहले की बात है। मैं रोहिलखंड विश्वविद्यालय के पांचाल संग्रहालय गया था। कोई खास काम नहीं था, बस ऐसे ही घूमने का मन हुआ। संग्रहालय में पुरानी मूर्तियाँ, बर्तन, सिक्के - ये सब देखने में मुझे हमेशा से रुचि रही है।

उस दिन वहाँ एक बुजुर्ग प्राध्यापक मिले। वे पुरातत्व विभाग से थे। मैं कुछ मूर्तियों को देख रहा था, तो उन्होंने पूछा - "आप इतिहास में रुचि रखते हैं?"

मैंने कहा - "हाँ, थोड़ी-बहुत।"

उन्होंने मुस्कुराते हुए कहा - "तो फिर आइए, मैं आपको कुछ दिखाता हूँ जो शायद आपको चौंका दे।"

वे मुझे एक कमरे में ले गए जहाँ पत्थरों के नमूने रखे थे। पहली नज़र में वे साधारण पत्थर लग रहे थे। लेकिन जब उन्होंने एक पत्थर मेरे हाथ में दिया और कहा - "यह देखिए," तो मेरे होश उड़ गए।

वह पत्थर नहीं था। वह एक जीवाश्म था - एक समुद्री शंख का जीवाश्म। करोड़ों साल पुराना।

"यह कहाँ से मिला?" मैंने पूछा।

"बरेली के आसपास से ही," उन्होंने कहा। "अहिच्छत्र की खुदाई में। और ऐसे सैकड़ों जीवाश्म मिले हैं।"

मैं सन्न रह गया। करोड़ों साल पुराना? बरेली में?

उन्होंने समझाया - "करोड़ों साल पहले यहाँ समुद्र था। टेथिस नाम का विशाल समुद्र। फिर हिमालय बना, समुद्र पीछे हट गया, और यह मैदान बना जिसे हम गंगा का मैदान कहते हैं।"

मैं अवाक था। मेरे हाथों में करोड़ों साल का इतिहास था, और मुझे पता तक नहीं था!

उस दिन से मेरी जिज्ञासा जाग गई। मैंने सोचा - अगर बरेली का इतिहास करोड़ों साल पुराना है, तो हमें कितना कुछ नहीं पता होगा!

यात्रा की शुरुआत

उस दिन के बाद मैं बार-बार संग्रहालय जाने लगा। किताबें पढ़ीं। अहिच्छत्र की खुदाई के बारे में जाना। पुरातत्व विभाग के अधिकारियों से मिला। स्थानीय इतिहासकारों से बातें कीं।

और धीरे-धीरे एक नई दुनिया खुलती चली गई।

मुझे पता चला कि बरेली सिर्फ एक शहर नहीं है - यह प्राचीन पांचाल महाजनपद का हिस्सा था। महाभारत काल में यहाँ राजा द्रुपद का राज था। अहिच्छत्र उनकी राजधानी थी। द्रौपदी का जन्म यहीं हुआ था।

मुझे पता चला कि यहाँ बौद्ध धर्म का प्रभाव रहा। गुप्त साम्राज्य के स्वर्णकाल में यह क्षेत्र कला और संस्कृति का केंद्र था। यहाँ के मंदिर, मूर्तियाँ, सिक्के - सब कुछ एक समृद्ध अतीत की गवाही देते हैं।

लेकिन सबसे महत्वपूर्ण बात जो मुझे पता चली, वह थी आर्यों के बारे में। हमें स्कूल में पढ़ाया गया था कि आर्य

बाहर से आए थे, उन्होंने यहाँ के मूल निवासियों को हराया, और अपनी सभ्यता स्थापित की। लेकिन जब मैंने गहराई से अध्ययन किया - नए पुरातात्विक साक्ष्य देखे, वंशाणु अध्ययन पढ़े, भाषाई तुलनाएँ समझीं - तो एक अलग ही तस्वीर उभर कर आई।

साक्ष्य बता रहे थे कि आर्य यहीं के थे। यह सभ्यता स्वदेशी थी। बाहर से कोई आक्रमण नहीं हुआ था। यह सिद्धांत औपनिवेशिक काल में गढ़ा गया था - हमें बांटने के लिए, हमारे आत्मविश्वास को तोड़ने के लिए।

यह जानकारी मेरे लिए एक झटके जैसी थी। मैंने सोचा - अगर मुझे यह नहीं पता था, तो कितने और लोग होंगे जो अपने ही इतिहास से अनजान हैं?

तब मैंने तय किया

मैंने तय किया कि मुझे यह सब लिखना होगा। बरेली का सच्चा इतिहास - करोड़ों साल पहले से लेकर आज तक।

एक ऐसा इतिहास जो साक्ष्यों पर आधारित हो, जो तथ्यों को तोड़-मरोड़ कर नहीं पेश करे, जो हमारे गौरवशाली अतीत को सामने लाए।

लेकिन यह काम आसान नहीं था। बरेली पर कोई विस्तृत इतिहास नहीं लिखा गया है। जो कुछ लिखा गया है, वह या तो अंग्रेजी में है, या फिर बहुत संक्षिप्त है। स्थानीय भाषा में, सामान्य पाठकों के लिए, एक संपूर्ण इतिहास की बहुत कमी है।

तो मैंने यह जिम्मेदारी अपने ऊपर ली। पिछले तीन सालों में मैंने अनगिनत बार अहिच्छत्र की यात्रा की। संग्रहालयों में घंटों बिताए। पुरानी किताबें, शोध-पत्र, सरकारी दस्तावेज - सब कुछ पढ़ा। पुरातत्वविदों से मिला। स्थानीय बुजुर्गों से बातें सुनीं।

और धीरे-धीरे यह पुस्तक बनी।

यह पुस्तक क्या है

यह पुस्तक बरेली का संपूर्ण इतिहास है। लेकिन यह सिर्फ राजाओं और युद्धों की कहानी नहीं है। यह धरती के निर्माण की कहानी है। यह पत्थरों, जीवाश्मों, मूर्तियों की कहानी है। यह उन साक्ष्यों की कहानी है जो मिट्टी में दबे हैं और हमें अपने अतीत के बारे में बताते हैं।

मैंने इसे सात खंडों में बांटने का निर्णय लिया है। पहला खंड जो आप पढ़ रहे हैं, वह प्राचीन बरेली के बारे में है - करोड़ों साल पहले से लेकर लगभग ५०० ईस्वी तक। इसमें हम जानेंगे कि कैसे यह भूमि बनी, कैसे पहले मानव यहाँ आए, कैसे पांचाल महाजनपद की स्थापना हुई, महाभारत काल में यहाँ क्या था, बौद्ध और गुप्त युग में यह क्षेत्र कैसा था।

बाकी खंड मध्यकालीन और आधुनिक बरेली के बारे में होंगे।

मैंने यह कैसे लिखा

इस पुस्तक को लिखने में मैंने कई स्रोतों का उपयोग किया है। सबसे पहले तो पुरातात्विक साक्ष्य - जीवाश्म, मूर्तियाँ, सिक्के, बर्तन, औजार। ये सब पांचाल संग्रहालय और अहिच्छत्र के खुदाई स्थलों पर मिले हैं। मैंने इन सभी को अपनी आँखों से देखा है, कुछ को हाथों में लिया है, फोटो खींचे हैं।

दूसरा, प्राचीन ग्रंथ - वेद, महाभारत, पुराण, बौद्ध साहित्य। इनमें पांचाल और इस क्षेत्र के बारे में बहुत कुछ लिखा है। मैंने इन सभी का अध्ययन किया है।

तीसरा, आधुनिक शोध - पुरातत्व विभाग की रिपोर्ट, वंशाणु अध्ययन, भाषाविज्ञान के शोध-पत्र, भूविज्ञान की किताबें। मैंने सैकड़ों पन्ने पढ़े हैं।

चौथा, स्थानीय जानकारी - बुजुर्गों से बातचीत, किंवदंतियाँ, लोक-कथाएँ। ये भी इतिहास को समझने में मदद करती हैं।

लेकिन सबसे महत्वपूर्ण बात - मैंने हर तथ्य को जाँचने की कोशिश की है। मैं कोई ऐसी बात नहीं लिख रहा हूँ जिसके पीछे कोई साक्ष्य न हो। यह पुस्तक कल्पना नहीं, तथ्य पर आधारित है।

हाँ, कुछ मामलों में मैंने अपनी राय भी दी है - खासकर आर्य प्रश्न पर। लेकिन मैंने स्पष्ट किया है कि यह मेरी व्याख्या है, और पाठक अपनी समझ से निर्णय ले सकते हैं।

यह पुस्तक क्यों जरूरी है

भारत के हर क्षेत्र का अपना गौरवशाली इतिहास है। लेकिन दुर्भाग्य से, औपनिवेशिक काल में इतिहास-लेखन दिल्ली, आगरा, जैसे बड़े शहरों पर केंद्रित हो गया। छोटे शहरों और कस्बों का इतिहास या तो लिखा ही नहीं गया, या फिर बहुत सतही तरीके से लिखा गया।

बरेली भी इसी उपेक्षा का शिकार रहा है। जबकि यह क्षेत्र प्राचीन काल में बहुत महत्वपूर्ण था। पांचाल महाजनपद भारत के सोलह महाजनपदों में से एक था। अहिच्छत्र एक समृद्ध नगर था। यहाँ से महत्वपूर्ण पुरातात्विक अवशेष मिले हैं।

लेकिन कितने लोग यह जानते हैं? हमारे अपने बच्चों को यह नहीं पता कि उनकी धरती कितनी महान रही है।

यह पुस्तक इसी कमी को पूरा करने की एक कोशिश है। यह बरेलीवासियों को उनका इतिहास देने की कोशिश है। यह नई पीढ़ी को बताने की कोशिश है कि तुम जिस धरती पर चल रहे हो, वह कितनी पवित्र है, कितनी प्राचीन है, कितनी गौरवशाली है।

इसके अलावा, यह पुस्तक उन झूठी धारणाओं को तोड़ने की कोशिश है जो औपनिवेशिक इतिहास-लेखन ने फैलाई हैं। आर्य आक्रमण, उत्तर-दक्षिण विभाजन, जाति व्यवस्था की गलत व्याख्या - ये सब हमारे समाज को तोड़ने के

लिए किए गए। सच्चाई कुछ और है, और वह सच्चाई साक्ष्यों में छिपी है।

किसके लिए है यह पुस्तक

यह पुस्तक सभी के लिए है। विद्यार्थी इससे अपने क्षेत्र का इतिहास जान सकते हैं। शिक्षक इसे पढ़ाने के लिए उपयोग कर सकते हैं। इतिहास प्रेमी इसका आनंद ले सकते हैं। और हर बरेलीवासी - चाहे वह यहाँ रहता हो या बाहर - इससे अपनी जड़ों को जान सकता है।

मैंने इसे सरल भाषा में लिखने की कोशिश की है। यह कोई शुष्क शैक्षणिक पुस्तक नहीं है। यह एक कहानी है - बरेली की कहानी। मैंने अपने अनुभव भी साझा किए हैं - संग्रहालय की यात्राएँ, अहिच्छत्र में खुदाई स्थलों पर घूमना, जीवाश्मों को छूना। यह मेरी यात्रा भी है, और आप सब की भी।

एक निवेदन

यह पुस्तक पूर्ण नहीं है। इतिहास कभी पूर्ण नहीं होता। हर दिन नई खोजें होती हैं, नए साक्ष्य मिलते हैं, पुरानी धारणाएँ बदलती हैं। मैं भी सीख रहा हूँ, और यह सिलसिला जारी रहेगा।

अगर आपको इस पुस्तक में कोई गलती लगे, या कोई जानकारी अधूरी लगे, तो कृपया मुझे बताएं। अगर आपके पास कोई साक्ष्य हो - पुरानी तस्वीरें, दस्तावेज, किंवदंतियाँ - तो कृपया साझा करें। यह सब मिलकर बरेली के इतिहास को और समृद्ध बना सकते हैं।

अब यात्रा शुरू करें

तो आइए, शुरू करें यह यात्रा। यह एक अनोखी यात्रा होगी। हम करोड़ों साल पीछे जाएंगे - जब यहाँ समुद्र था। फिर हम देखेंगे कैसे हिमालय बना, कैसे यह मैदान बना, कैसे पहले मानव आए। फिर हम पांचाल महाजनपद को जानेंगे, महाभारत के समय की यात्रा करेंगे, बौद्ध विहारों में जाएंगे, गुप्त काल की कला देखेंगे।

हर अध्याय आपको कुछ नया बताएगा। हर पृष्ठ पर आपको आश्चर्य होगा। और अंत में, जब आप यह पुस्तक बंद करेंगे, तो आप अपनी धरती को नए नजरिए से देखेंगे।

मेरे साथ चलिए। यह यात्रा लंबी है, लेकिन रोचक है। यह यात्रा गहरी है, लेकिन सार्थक है।

क्योंकि यह सिर्फ बरेली की यात्रा नहीं है। यह हमारी अपनी जड़ों की खोज है। यह हमारी पहचान की तलाश है। यह हमारे गौरव की पुनर्स्थापना है।

आइए, शुरू करें।

रजत बिन्दल

जनवरी, २०२६

<u>अध्याय 1</u>

भूमि की उत्पत्ति - करोड़ों वर्ष का इतिहास

प्रस्तावना

यह अध्याय बरेली के इतिहास की शुरुआत है - लेकिन यह शुरुआत 2000-3000 साल पहले से नहीं, बल्कि करोड़ों साल पहले से होती है।

जब मैंने पहली बार रोहिलखंड विश्वविद्यालय के पांचाल संग्रहालय में समुद्री जीवाश्म देखे, तो मुझे एहसास हुआ कि बरेली की कहानी कहीं और गहरी है। यह केवल राजाओं और युद्धों की कहानी नहीं है - यह धरती के निर्माण की कहानी है।

इस अध्याय में हम जानेंगे कि कैसे टेथिस सागर की लहरें बरेली की भूमि पर लहराती थीं, कैसे हिमालय का जन्म हुआ, और कैसे यहां पहले मानवों का आगमन हुआ।

यह यात्रा लंबी है - करोड़ों वर्षों की। लेकिन यह यात्रा आवश्यक है, क्योंकि आज की बरेली को समझने के लिए हमें यह जानना होगा कि यह भूमि कैसे बनी।

तो चलिए, शुरू करते हैं - करोड़ों साल पहले से...

समय-रेखा

- 100+ करोड़ वर्ष पूर्व: टेथिस सागर का विस्तार
- 50 करोड़ वर्ष पूर्व: भारतीय प्लेट उत्तर की ओर गति
- 40-50 करोड़ वर्ष पूर्व: भारत और यूरेशिया का टकराव
- 5-10 करोड़ वर्ष पूर्व: हिमालय का उदय
- 2-3 लाख वर्ष पूर्व: प्रारंभिक मानव का आगमन
- 10,000 ई.पू.: नवपाषाण क्रांति
- 3000 ई.पू.: ताम्र युग

भाग 1: जब यहां समुद्र लहराता था

आपको जानकर आश्चर्य होगा कि करोड़ों साल पहले बरेली की जिस भूमि पर हम निवास करते हैं, वहां पर एक गहरा सागर हुआ करता था। टेथिस सागर की ऊंची-ऊंची लहरें यहां पर आपस में टकराकर अट्टहास करती थीं। समुद्री जीव अधिकायक में हुआ करते थे। जिस स्थान पर हम लोग बसावट कर रहे हैं, वह कभी व्हेल मछली, शार्क और कछुओं का निवास होता था।

यह कोई कल्पना या पौराणिक कथा नहीं है। यह वैज्ञानिक सत्य है। और इसके प्रमाण हमारे सामने हैं - ठोस, स्पर्शनीय, और अकाट्य।

समुद्र के जीवित प्रमाण

मेरी यह रिसर्च कोई सुनी-सुनाई कथा पर आधारित नहीं है, बल्कि इसके पूरे प्रमाण मिलते हैं। रोहिलखंड विश्वविद्यालय के पांचाल संग्रहालय में करोड़ों साल पुराने जीवाश्म इस बात को साबित करते हैं। जब मैंने पहली

बार इन जीवाश्मों को देखा, तो मेरे रोंगटे खड़े हो गए। यह सोचकर कि मेरे हाथों में करोड़ों साल का इतिहास है, मन रोमांचित हो उठा।

विवरण: ये जीवाश्म पुस्तक में दिए जा रहे हैं। ये जीवाश्म अलग-अलग तरीके के हैं। कुछ जीवाश्म उस समय के पेड़ के तने से बने हैं और धीरे-धीरे पत्थर में परिवर्तित हो गए। यह प्रक्रिया "petrification" या पाषाणीकरण कहलाती है। लाखों वर्षों में खनिज पदार्थों ने लकड़ी के हर रेशे को भर दिया और वह पत्थर बन गई - लेकिन उसकी बनावट और संरचना वही रही।

जब आप इन लकड़ी के जीवाश्मों को देखते हैं, तो आप स्पष्ट रूप से लकड़ी की छाल, गांठें और यहां तक कि पेड़ की परतें भी देख सकते हैं। लेकिन जब आप उन्हें छूते हैं, तो वे पत्थर की तरह कठोर और ठंडे हैं। यह प्रकृति का एक अद्भुत चमत्कार है - समय ने लकड़ी को पत्थर में बदल दिया, लेकिन उसकी पहचान मिटा नहीं पाया।

समुद्री जीवों के अवशेष

और कुछ जीवाश्म ऐसे हैं जिनमें किसी समुद्री जीव की आकृति नजर आ रही है। दरअसल ये इस तरह से बने होंगे कि कोई समुद्री जीव इन पत्थरों पर बैठा होगा, उसी समय भूकंप आया और चट्टानों के टूटने से वह जीव उसी पत्थर में दफन हो गया। उसका शरीर आज भी उसी पत्थर में दफन है और लाखों-करोड़ों साल में इस पत्थर ने अपना आकार इस तरह से लिया।

चित्र 1: पांचाल ***संग्रहालय में संरक्षित जीवाश्मों का व्यापक दृश्य***

स्रोत: पांचाल संग्रहालय, महाराजा जीवाजीराव सिंधिया रोहिलखंड विश्वविद्यालय, बरेली

फोटो: लेखक, जनवरी 2026

चित्र 2: Wood Fossils (लकड़ी के जीवाश्म) - विभिन्न आकारों में

Label: "WOOD FOSSILS"

स्रोत: पांचाल संग्रहालय, रोहिलखंड विश्वविद्यालय

SEA SHELL FOSSILS

चित्र 3: Sea Shell Fossils (समुद्री शंख के जीवाश्म)

Label: "SEA SHELL FOSSILS"

विवरण: इन समुद्री शंखों को देखिए। ये वही शंख हैं जो आज भी समुद्र में मिलते हैं, लेकिन ये करोड़ों साल पुराने हैं। इनकी सर्पिल बनावट, खांचे और परतें - सब कुछ वैसा ही संरक्षित है जैसा लाखों साल पहले था। कुछ शंख छोटे हैं, मटर के दाने जितने। कुछ बड़े हैं, आधा मुट्ठी जितने। कुछ चमकीले भूरे रंग के हैं, कुछ धूसर, कुछ लगभग सफेद।

Sea Urchin या समुद्री कटिक एक कांटेदार समुद्री जीव है। इसके जीवाश्म बहुत दुर्लभ होते हैं क्योंकि इसकी बाहरी संरचना बहुत नाजुक होती है। लेकिन यहां हमें इसके भी जीवाश्म मिले हैं! इसका मतलब है कि यह जीव जब मरा, तो तुरंत ही गाद और चट्टानों में दब गया और संरक्षित हो गया।

ये चूना पत्थर के छोटे-छोटे गोल खोल भी समुद्री जीवों के ही अवशेष हैं। समुद्र में असंख्य सूक्ष्म जीव होते हैं जिनके कैल्शियम कार्बोनेट से बने खोल होते हैं। जब ये मरते हैं, तो उनके खोल समुद्र की तलहटी में जमा होते रहते हैं। हजारों-लाखों साल में ये खोल दबते रहते हैं और चूना पत्थर (limestone) बन जाते हैं। बरेली क्षेत्र में मिलने वाले ये नमूने उसी प्रक्रिया के प्रमाण हैं।

जीवाश्मों की खोज

ये जीवाश्म बरेली क्षेत्र में खुदाई के दौरान मिले। कुछ अहिच्छत्र की पुरातात्विक खुदाई में मिले, जब ASI के विशेषज्ञ प्राचीन सभ्यता के अवशेष खोज रहे थे। कुछ आसपास के क्षेत्रों में किसानों को खेत जोतते समय मिले। कुछ नदी के किनारे मिट्टी कटने से उजागर हुए।

क्या आप जानते हैं?

माउंट एवरेस्ट की चोटी पर भी समुद्री जीवाश्म मिलते हैं! इसका मतलब है कि जो चट्टान आज 8848 मीटर की ऊंचाई पर है, वह कभी समुद्र की तलहटी में थी।

ये समुद्री जीवाश्म यह साबित करते हैं कि कभी इस जमीन पर टेथिस सागर अट्टहास मारता होगा। और यह महज एक छोटा-मोटा तालाब या झील नहीं था - यह एक विशाल, गहरा समुद्र था जो आज के भारत के एक बड़े हिस्से को ढके हुए था।

भाग 2: महाद्वीपों का टकराव - हिमालय का जन्म

यह उस समय की बात है जब भारतीय प्लेट यूरेशियन प्लेट से अलग थी। कल्पना कीजिए - आज से साढ़े चार से पांच करोड़ साल पहले, जब धरती पर डायनासोर विलुप्त हो चुके थे और स्तनधारी जीवों का युग शुरू हो रहा था, तब हमारा भारतीय उपमहाद्वीप एक अलग टुकड़ा था। यह आज के अफ्रीका के पास, दक्षिण में कहीं स्थित था।

भारत और यूरेशिया (आज का चीन, तिब्बत, मध्य एशिया) के बीच टेथिस नाम का विशाल समुद्र था। यह समुद्र इतना बड़ा था कि आज के भूमध्य सागर, काला सागर, और कैस्पियन सागर - ये सब इसी महासागर के अवशेष हैं।

समुद्र में विस्थापन से, धीरे-धीरे, बहुत धीरे-धीरे (लगभग 5 सेंटीमीटर प्रति वर्ष की गति से), भारतीय प्लेट उत्तर की ओर बढ़ने लगी। लाखों साल बीत गए। टेथिस सागर छोटा होता गया। और फिर एक दिन - लगभग साढ़े चार

करोड़ साल पहले - हमारा भारत या भारतीय प्लेट यूरेशियन प्लेट से जोरदार तरीके से टकराई।

जोरदार धमाका हुआ और सब तरफ हलचल मच गई, मानो प्रलय आ गई हो। पर हर प्रलय का कोई उद्‌देश्य होता है - एक नई सृष्टि का निर्माण।

भयंकर टकराव और force के कारण धरती उसे बर्दाश्त न कर सकी और यूरेशिया की प्लेट और भारतीय प्लेट टुकड़े-टुकड़े होकर ऊपर उठने लगीं।

इसको इस तरह से समझें। मिट्‌टी के बर्तन थोड़ा अधपके परंतु गीली फॉर्म में लें और आपस में थोड़ा धीरे से टकराएं। आप देखेंगे कि दोनों बर्तनों की मिट्‌टी ऊपर की तरफ उठ गई, लेकिन टूटी नहीं। बल्कि वह एक ऊंचा ढेर बना देगी।

कुछ इसी तरह से दोनों तरफ की, यानी यूरेशियन प्लेट और भारतीय प्लेट के साथ हुआ होगा। दोनों प्लेटें इतनी कठोर नहीं थीं कि एकदम टूट जाएं, और इतनी नरम भी

नहीं थीं कि पूरी तरह पिघल जाएं। इसलिए वे ऊपर की ओर मुड़ने लगीं, तह खाने लगीं, और ऊंचे पहाड़ बनने लगे।

जब धरती ऊंची होने लगी, तो समुद्र पीछे हटने लगा। टेथिस सागर जो कभी बरेली के ऊपर लहराता था, धीरे-धीरे सिकुड़ने लगा। पहले यहां की जमीन समुद्र की तलहटी से थोड़ी ऊपर उठी। फिर और ऊपर। पानी नीचे बहने लगा। नई नदियां बनने लगीं। और आज की धरती दिखाई देने लगी।

यह प्रक्रिया कोई एक-दो साल नहीं, बल्कि हजारों-लाखों साल तक चलती रही और आज भी जारी है। भारतीय प्लेट आज भी चीन की तरफ हर साल कुछ इंच (लगभग 5 सेंटीमीटर) आगे बढ़ जाती है।

जरा अपने दिमाग के घोड़ों को दौड़ाएं और सोचें कि लाखों साल के बाद क्या हम लोग चीन की तरफ कई किलोमीटर

तक बढ़ जाएंगे। यह भी बिना किसी युद्ध किए! यह सब प्रकृति का जादू है।

भाग 3: हिमालय - पृथ्वी की छत का निर्माण

पर्वतों का जन्म

तो इस तरह से पर्वतों का निर्माण हुआ। हिमालय पर्वत बना - पृथ्वी की सबसे युवा और सबसे ऊंची पर्वत श्रृंखला। आज हम जिस हिमालय को देखते हैं, वह भारत और एशिया के टकराव का सीधा परिणाम है। हिमालय का हर पत्थर, हर चट्टान इस महान टकराव की कहानी कहती है।

और अगर आप हिमालय के पत्थरों की जांच करें, तो आपको उनमें भी समुद्री जीवाश्म मिलेंगे! माउंट एवरेस्ट की चोटी पर भी समुद्री जीवों के अवशेष हैं। क्योंकि जो चट्टानें आज 8000 मीटर की ऊंचाई पर हैं, वे कभी समुद्र की तलहटी में थीं।

बर्फ, मानसून और नदियां

ऊंचाई अधिक होने के कारण चोटियों पर बर्फ जमी। जितनी ऊंचाई बढ़ती है, तापमान उतना ही कम होता जाता है। हिमालय की ऊंची चोटियों पर हमेशा बर्फ रहती है क्योंकि वहां तापमान हमेशा शून्य से नीचे रहता है।

इसी हिमालय के कारण मानसून की उत्पत्ति हुई। यह एक अद्भुत प्रक्रिया है। सागर का पानी वाष्पीकृत होकर (सूर्य की गर्मी से भाप बनकर) हवा में मिल जाता है। यह नम हवा दक्षिण-पश्चिम से आती है और उत्तर की ओर बढ़ती है।

हवा के दबाव के कारण यह नम हवा चीन की तरफ भागती है, परंतु हिमालय की ऊंची चोटियों से टकराकर वापस आ जाती है और मैदानी इलाकों में वर्षा करती है। हिमालय पर यही नमी बर्फबारी का कारण बनती है।

गंगा के मैदान का निर्माण

पिघली हुई बर्फ नदी का आकार लेकर मैदानों में उर्वरक फैलाते हुए सागर में मिल जाती है, और यह प्रक्रिया अनवरत जारी रहती है। हिमालय से निकलने वाली नदियां - गंगा, यमुना, रामगंगा, गोमती - अपने साथ पहाड़ों की मिट्टी, खनिज और पोषक तत्व लाती हैं। यह मिट्टी मैदानों में फैलती है और उन्हें उपजाऊ बनाती है।

लाखों साल में इन नदियों ने इतनी मिट्टी जमा कर दी कि एक विशाल मैदान बन गया - गंगा का मैदान। यह मैदान दुनिया का सबसे उपजाऊ क्षेत्र है। और बरेली इसी मैदान के बीचों बीच स्थित है।

इसी कारण से बरेली और तराई क्षेत्र की भूमि बेहद उपजाऊ है, जिसे कालांतर में कृषि के लिए उपयोग में लाया जाने लगा। आज भी बरेली गेहूं, चावल, गन्ना और अन्य फसलों के लिए प्रसिद्ध है। यह उपजाऊपन करोड़ों साल की भूवैज्ञानिक प्रक्रियाओं का परिणाम है।

भाग 4: पहले मानव - जीवन की शुरुआत

पाषाण युग के औजार

संग्रहालय में रखे प्रागैतिहासिक काल (Stone Age) के tools देखकर यह अनुमान लगाया जा सकता है कि बरेली क्षेत्र में सबसे पहले जीवन उत्पन्न हुआ। है ना कितनी रोचक बात! जिस बरेली में आप रह रहे हैं, यहीं पर जीवन की उत्पत्ति सबसे पहले हुई।

Stone Age Tools - प्रागैतिहासिक औजार]
कुषाण युग और गुप्त काल के विभिन्न पत्थर के औजार

व मूर्तियाँ

स्रोत: पांचाल संग्रहालय

विवरण: यह कहना कि "सबसे पहले" थोड़ा अतिशयोक्ति हो सकती है, लेकिन यह निश्चित है कि बरेली क्षेत्र में बहुत प्राचीन काल से मानव बसावट रही है। क्योंकि यहां वे सभी चीजें थीं जो मानव जीवन के लिए जरूरी हैं:

पानी - रामगंगा और अन्य नदियां

उपजाऊ जमीन - कृषि के लिए

जंगल - लकड़ी और शिकार के लिए

समतल भूमि - बसावट के लिए

अच्छी जलवायु - न बहुत गर्म, न बहुत ठंडी

शिकारी-संग्रहकर्ता समाज

पहले मानवों का आगमन हुआ। यह शायद 5 लाख से 2 लाख साल पहले की बात होगी। ये प्रारंभिक मानव बहुत

सरल जीवन जीते थे। वे एक जगह नहीं रहते थे, बल्कि भोजन की तलाश में इधर-उधर घूमते रहते थे।

पेट की आग मिटाने के लिए उन मानवों ने जानवरों का वध करना सीखा। शिकार करने के लिए पत्थरों से हथियार बनाए। यह दर्शाता है कि ये मानव शिकारी-संग्रहकर्ता समाज बनाते थे।

एक बड़े पत्थर को छोटे पत्थर या दूसरे कठोर पत्थर से बार-बार मारकर तोड़ा जाता था। धीरे-धीरे उसे नुकीला और पैना बनाया जाता था। यह बहुत कठिन काम था और इसमें कौशल चाहिए था। हर पत्थर अलग तरह का होता है - कुछ आसानी से टूटते हैं, कुछ नहीं। मानव ने यह समझा और सही पत्थर चुनना सीखा।

टेराकोटा के बर्तन - गुप्त काल

विवरण: फोटो में आपको दिखाई देगा कि किस तरह से नुकीले आकार के पत्थर बनाए जाते थे। इन्हें तीरों पर लगाकर या लकड़ी पर लगाकर भालों की तरह अथवा

धनुष-बाण से शिकार करने की कला ने बरेली की धरती पर ही मानव ने सीखी।

अन्य सभ्यताओं से तुलना

कुछ इतिहासकार इसे मोहनजोदड़ो की सभ्यता से जोड़ते हैं, परंतु अन्य कहते हैं कि मोहनजोदड़ो की सभ्यता बरेली की सभ्यता से आगे थी। उन लोगों ने शहर विकसित किए थे और एक शहर होने के सभी दस मानकों का पालन किया था - सुनियोजित सड़कें, नाली व्यवस्था, ईंट के घर, सार्वजनिक स्नानागार, अन्न भंडार इत्यादि।

परंतु बरेली की सभ्यता केवल ग्रामों तक सीमित थी। यहां बड़े शहर नहीं थे, बल्कि छोटी-छोटी बस्तियां थीं। लेकिन इसका मतलब यह नहीं कि यहां की सभ्यता पिछड़ी थी। यह बस एक .अलग तरह की सभ्यता थी - कृषि प्रधान, ग्रामीण, लेकिन उन्नत।

भाग 5: नवपाषाण क्रांति - कृषि का युग

मांस से अनाज की ओर

परंतु यह तथ्य तो अवश्य मिलता है कि नवपाषाण क्रांति बरेली में भी हुई। यह लगभग 10,000 से 5,000 साल पहले की बात है। इस क्रांति ने मानव जीवन को पूरी तरह बदल दिया।

उस दौरान मानवों ने मांस खाने के अतिरिक्त कृषि पर ध्यान दिया और अनाज उगाना प्रारंभ किया। यह एक बहुत बड़ा परिवर्तन था। पहले मानव को भोजन के लिए पूरी तरह प्रकृति पर निर्भर रहना पड़ता था। आज शिकार मिला तो खाया, नहीं तो भूखे रहे। लेकिन जब उसने खेती करना सीखा, तो वह अपना भोजन खुद उगाने लगा।

शुरुआत में जंगली घास के बीज बोए जाते थे। धीरे-धीरे मानव ने सीखा कि कौन से बीज सबसे अच्छे हैं, कब बोने चाहिए, कैसे पानी देना चाहिए। धीरे-धीरे जंगली घास गेहूं, चावल, जौ बन गई।

स्थायी बस्तियां

छोटी-छोटी बस्तियां बसाकर एक साथ रहना शुरू किया। अब घूमने की जरूरत नहीं थी। खेत एक जगह थे, तो घर भी एक जगह बना लिए। धीरे-धीरे छोटे गांव बने। 10-20 परिवार साथ रहने लगे। साथ मिलकर खेती की, शिकार किया, घर बनाए।

चाक का आविष्कार

फिर चाक (Potter's wheel) का आविष्कार हुआ। यह एक गोल पत्थर या लकड़ी का चक्र होता था जो घूमता था। मिट्टी को इस घूमते चक्र पर रखकर बर्तन बनाना बहुत आसान हो गया। बर्तन ज्यादा गोल, सममित और सुंदर बनने लगे।

सेरामिक - उन्नत तकनीक

और बाद में उसे सेरामिक बनाने की उन्नत तकनीक तक ले गए। सेरामिक एक विशेष प्रकार का मिट्टी का बर्तन

है जो बहुत उच्च तापमान पर पकाया जाता है। यह बहुत मजबूत, चिकना और सुंदर होता है।

चित्र 8: प्राचीन बस्तियों का कलात्मक पुनर्निर्माण

अनुमानित चित्र: नवपाषाण युग की बरेली बस्ती

विवरण: मिट्टी से बर्तन बनाने की तकनीक विकसित की। यह एक और बड़ी उपलब्धि थी। पहले मानव पत्थर की कटोरियों या पत्तों में भोजन रखता था। लेकिन अब उसने

सीखा कि मिट्टी को गीला करके, आकार देकर, और आग में पकाकर मजबूत बर्तन बनाए जा सकते हैं।

चित्र 9: प्रारंभिक मृदभांड - सादे मिट्टी के बर्तन

Accession No.: RU-247, RU-237, RU-244 आदि

विवरण: शुरुआत में बर्तन बहुत सादे होते थे। केवल मिट्टी को हाथ से गोल करके आग में पका लिया जाता था। बर्तन मोटे होते थे, खुरदुरे होते थे, और रंग में भूरे या काले होते थे।

विभिन्न आकार के घरेलू बर्तन - कटोरे, घड़े, थालियां

चित्र 10: चित्रित धूसर मृदभांड (Painted Grey Ware)

Accession No.: RU-162 - Grey Ware Bowl

1000-600 ईसा पूर्व - महाभारत काल!

विवरण: उक्त सेरामिक पर रंग करने की तकनीक देखकर लगता है कि उस समय में मानव कितनी उन्नति कर चुका होगा। ये बर्तन सिर्फ उपयोग के लिए नहीं थे, बल्कि ये कला के नमूने भी थे।

painted Grey Ware (चित्रित धूसर मृदभांड) पर काले रंग से बारीक डिजाइन बनाए जाते थे - रेखाएं, वृत्त, लहरें, त्रिकोण। कुछ बर्तनों पर पशु-पक्षियों की आकृतियां भी मिलती हैं। यह दर्शाता है कि उस समय के कुम्हार न केवल कुशल शिल्पकार थे, बल्कि कलाकार भी थे।

रंगीन मृदभांड

विभिन्न रंगों के मृदभांड]

लाल, भूरे, धूसर, काले रंग के बर्तनों के टुकड़े

अलग-अलग मिट्टी और अलग-अलग तापमान पर पकाने से अलग-अलग रंग आते थे। लाल रंग के लिए लोहे वाली मिट्टी और ऑक्सीजन युक्त आग चाहिए। काले रंग के लिए ऑक्सीजन कम करनी पड़ती थी। यह सब उस समय के लोगों को पता था!

मनके और आभूषण

विवरण: मणि/मनके (Beads) - विभिन्न रंगों में] पत्थर, मिट्टी, और संभवतः कांच के मनके

मणि/मनके (Beads) - विभिन्न रंगों में] पत्थर, मिट्टी, और संभवतः कांच के मनके

लोगों ने सजने-संवरने पर भी ध्यान दिया। छोटे-छोटे रंगीन मनके बनाए जाते थे जिन्हें धागे में पिरोकर हार, कंगन और अन्य आभूषण बनाए जाते थे। कुछ मनके पत्थर के

हैं - कार्नेलियन (लाल), एगेट (धारीदार), स्फटिक। कुछ मिट्टी के हैं। और कुछ शायद कांच के भी हो सकते हैं, जो बहुत उन्नत तकनीक दर्शाता है।

भाग 6: तांबे का युग - धातु क्रांति

पत्थर से धातु तक

तांबे के हथियार और औजार

भाले, तलवारें, खंजर - सब तांबे या कांसे के

Label: "ताम्रास्य, मृण्मूर्तियाँ एवं बीड्स"

विवरण: फिर एक और बड़ा परिवर्तन आया - धातु का उपयोग। लगभग 3000-2000 ईसा पूर्व में लोगों ने तांबे का उपयोग करना शुरू किया। तांबा एक नरम धातु है जिसे आसानी से पिघलाया और आकार दिया जा सकता है।

फिर एक और बड़ा परिवर्तन आया - धातु का उपयोग। लगभग 3000-2000 ईसा पूर्व में लोगों ने तांबे का उपयोग करना शुरू किया। तांबा एक नरम धातु है जिसे आसानी से पिघलाया और आकार दिया जा सकता है।

तांबे के हथियार पत्थर के हथियारों से बेहतर थे। वे पैने थे, मजबूत थे, और टूटते नहीं थे। तांबे के औजारों से खेती करना, लकड़ी काटना, और निर्माण कार्य करना आसान हो गया।

कांसे के कंगन और अंगूठियां

विवरण: बाद में लोगों ने सीखा कि तांबे में टिन मिलाने से कांसा (Bronze) बनता है जो तांबे से भी ज्यादा मजबूत है। यह कांस्य युग (Bronze Age) था - लगभग 2000-1000 ईसा पूर्व।

धातु के आभूषण - कंगन, अंगूठियां, कड़े

शस्त्र और युद्ध

तांबे और कांसे के हथियारों ने युद्ध की प्रकृति बदल दी। अब लंबी तलवारें, मजबूत भाले, और धातु के कवच बनने लगे। शक्तिशाली सेनाओं का निर्माण हुआ। और यही वह समय था जब पांचाल जैसे शक्तिशाली राज्य उभरे।

महाभारत में वर्णित द्रुपद की सेना, धृष्टद्युम्न के हथियार, कुरुक्षेत्र के युद्ध - ये सब इसी कांस्य युग या प्रारंभिक लौह युग की घटनाएं हो सकती हैं।

भाग 7: टेराकोटा कला - मिट्टी से मूर्तियां

टेराकोटा मूर्तियां - मानव और पशु आकृतियां गुप्तकालीन और उत्तर गुप्तकालीन टेराकोटा Label: "गुप्तकाल (टेराकोटा) मूर्तिकाल-उत्तर गुप्तकाल"

विवरण: जैसे-जैसे सभ्यता विकसित हुई, लोगों ने केवल उपयोगी चीजें ही नहीं, बल्कि कलात्मक चीजें भी बनानी

शुरू कीं। मिट्टी से छोटी-छोटी मूर्तियां बनाई जाने लगीं। ये मूर्तियां कई तरह की थीं:

देवी-देवताओं की मूर्तियां: धार्मिक पूजा के लिए। मातृका देवी (Mother Goddess) की छोटी मूर्तियां बहुत आम थीं।

मानव आकृतियां: स्त्री-पुरुष की छोटी मूर्तियां, शायद खिलौने या धार्मिक प्रतीक के रूप में। पशु मूर्तियां: गाय, बैल, घोड़ा, हाथी - ये सब मिट्टी में बनाए जाते थे।खिलौने: बच्चों के लिए छोटी-छोटी गुड़ियां, जानवर, गाड़ियां।

पकी मिट्टी (टेराकोटा) - विविध वस्तुएं

Label: "पकी मिट्टी (टेराकोटा)"

विवरण: इन टेराकोटा की मूर्तियों को देखकर हम उस समय के लोगों के जीवन, उनकी वेशभूषा, उनके आभूषण, और उनकी कला के बारे में बहुत कुछ जान सकते हैं।

बौद्ध और जैन प्रभाव

गुप्त काल की उत्कृष्ट मूर्तिकला

विवरण: जब बौद्ध और जैन धर्म का प्रभाव बढ़ा (लगभग 600 ईसा पूर्व से), तो मूर्तिकला की कला और उन्नत हो गई। अब पत्थर में भी बारीक मूर्तियां बनाई जाने लगीं। बुद्ध, बोधिसत्व, जैन तीर्थंकर - इन सबकी सुंदर मूर्तियां बनीं।

अब पत्थर में भी बारीक मूर्तियां बनाई जाने लगीं। बुद्ध, बोधिसत्व, जैन तीर्थंकर - इन सबकी सुंदर मूर्तियां बनीं।

बौद्ध मूर्तिकला

Courtesy: National Museum

चित्र 19: पत्थर के पैर (Stone Feet)

Accession No.: RU-116

चरण (टेराकोटा, मुण्डकाल)

विवरण: यह एक दिलचस्प वस्तु है - पत्थर या टेराकोटा में बने पैर। ये शायद किसी बड़ी मूर्ति के अंश हों, या फिर पूजा के प्रतीक के रूप में अलग से बनाए गए हों। हिंदू और बौद्ध परंपरा में गुरु या देवता के चरणों की पूजा की जाती है।

भाग 8: प्राचीन पांडुलिपियां - लिखित शब्द

ज्ञान का संरक्षण

प्राचीन पांडुलिपि - संस्कृत में हस्तलिखित ग्रंथ

विवरण: सबसे बड़ी उपलब्धि थी - लिखने की कला। जब मानव ने लिखना सीखा, तो उसने ज्ञान को स्थायी रूप से

संरक्षित करना सीखा। अब ज्ञान को केवल याद रखने की जरूरत नहीं थी, उसे लिखा जा सकता था।

ताड़पत्र या भोजपत्र पर लिखा गया

प्राचीन भारत में ताड़ के पत्तों (South India में) या भोजपत्र (North India में) पर लिखा जाता था। स्याही काजल और गोंद से बनाई जाती थी। कलम सरकंडे या बांस की होती थी।

संग्रहालय में रखी पांडुलिपि को देखिए। हर अक्षर बड़ी सावधानी से लिखा गया है। पंक्तियां सीधी हैं। कहीं-कहीं लाल रंग से महत्वपूर्ण शब्द लिखे गए हैं। यह किसी विद्वान का बहुत समय और मेहनत का काम है।

यह पांडुलिपि किस विषय पर है? धार्मिक ग्रंथ? ज्योतिष? आयुर्वेद? इसकी जांच करना आगे के शोध का विषय है।

निष्कर्ष: करोड़ों साल की यात्रा

तो यह थी बरेली की भूमि की यात्रा - करोड़ों साल पहले समुद्र की गहराई में से, भूकंप और पर्वतों के उत्थान के साथ, नदियों और मैदानों के निर्माण के साथ, और फिर मानव सभ्यता के विकास के साथ - आज की बरेली तक।

जब आप बरेली की सड़कों पर चलते हैं, तो याद रखिए - आपके पैरों के नीचे करोड़ों साल का इतिहास दबा है। वह मिट्टी जिस पर आप खड़े हैं, वह कभी समुद्र की तलहटी थी। वे पत्थर जो आपको सड़क किनारे दिखते हैं, उनमें शायद प्राचीन समुद्री जीवों के अवशेष हों। वह पानी जो आप पीते हैं, वह हिमालय की बर्फ पिघलकर आया है।

बरेली की कहानी केवल 2000-3000 साल की नहीं है। यह करोड़ों साल की कहानी है। यह धरती के निर्माण की कहानी है। यह जीवन के विकास की कहानी है। और यह मानव सभ्यता के उदय की कहानी है।

अगले अध्यायों में हम इसी यात्रा को आगे बढ़ाएंगे - वैदिक काल से, पांचाल महाजनपद से, महाभारत के युग से होते हुए, आधुनिक बरेली तक।

लेखक की टिप्पणी:

यह अध्याय लिखते समय मैं पांचाल संग्रहालय में घंटों बैठा रहा। उन करोड़ों साल पुराने जीवाश्मों को देखना, उन्हें छूना (संग्रहालय अधिकारी की अनुमति से), और यह सोचना कि ये पत्थर कभी जीवित प्राणी थे - यह एक अद्‌भुत अनुभव था।

विज्ञान और इतिहास का यह संगम - जहां भूविज्ञान, पुरातत्व, और मानव इतिहास मिलते हैं - यही तो बरेली की कहानी का सबसे रोचक पहलू है।

मुझे उम्मीद है कि यह अध्याय पढ़कर आपको भी वही रोमांच महसूस होगा जो मुझे शोध करते समय हुआ।

अगले अध्याय में: वैदिक काल और आर्यों का आगमन - जब गंगा के मैदान में नई सभ्यता का उदय हुआ।

महत्वपूर्ण शब्दावली

- टेथिस सागर: प्राचीन समुद्र जो भारत और एशिया के बीच था
- प्लेट टेक्टोनिक्स: धरती की सतह के बड़े टुकड़ों की गति का विज्ञान
- पाषाणीकरण: लकड़ी का धीरे-धीरे पत्थर में बदलना
- जीवाश्म: प्राचीन जीवों के पत्थर में संरक्षित अवशेष
- नवपाषाण क्रांति: शिकारी-संग्राहक से कृषक बनने का महान परिवर्तन
- ताम्र युग: वह काल जब मनुष्य ने तांबे का उपयोग करना शुरू किया
- टेराकोटा: पकी हुई मिट्टी से बनी कलाकृतियां

यह धरती न केवल हमारा घर है - यह हमारा इतिहास, हमारी विरासत, और हमारी पहचान है।

विशेष धन्यवाद:

एक विशेष धन्यवाद पांचाल संग्रहालय के क्यूरेटर और स्टाफ को, जिन्होंने मुझे इन अमूल्य जीवाश्मों को देखने, फोटोग्राफ करने, और समझने का अवसर दिया। उनकी व्याख्याओं ने इस अध्याय को वैज्ञानिक दृष्टि से सटीक बनाने में बहुत मदद की।

यह अध्याय मेरी 59 वर्षों की जिंदगी का सबसे रोमांचक शोध कार्य रहा है। और यह केवल शुरुआत है।

अगले अध्याय में: वैदिक काल और आर्यों का आगमन

करोड़ों साल की भूवैज्ञानिक यात्रा के बाद, अब हम आते हैं मानव सभ्यता के संगठित रूप की ओर। अगले अध्याय में हम देखेंगे:

- आर्यों का गंगा के मैदानों में आगमन (1500 BCE)
- ऋग्वैदिक और उत्तर वैदिक काल
- पांचाल क्षेत्र का वैदिक साहित्य में उल्लेख
- कुरु-पांचाल संघ का निर्माण
- चित्रित धूसर मृदभांड संस्कृति
- वैदिक समाज और धर्म

संदर्भ ग्रंथ सूची

प्राथमिक स्रोत:

1. पांचाल संग्रहालय, महाराजा जीवाजीराव सिंधिया रोहिलखंड विश्वविद्यालय, बरेली - जीवाश्म संग्रह

द्वितीयक स्रोत:

1. Atkinson, E.T. (1879). "The Himalayan Districts of the North-Western Provinces of India"

2. Geological Survey of India. (2020). "Tectonic Evolution of the Himalayas"

3. Archaeological Survey of India. (1947-48). "Excavations at Ahichchhatra".

अध्याय 2

आर्य - भ्रम, सत्य और साक्ष्य

“आर्य कौन थे? यह प्रश्न भारतीय इतिहास का सबसे विवादास्पद प्रश्न है। लेकिन साक्ष्य एक अलग ही कहानी कहते हैं - एक ऐसी कहानी जो औपनिवेशिक इतिहासकारों ने छिपाने की कोशिश की।”

– लेखक

प्रस्तावना

जब मैंने पहली बार आर्य आक्रमण सिद्धांत के बारे में पढ़ा, तो मन में कई सवाल उठे। क्या सचमुच हमारे पूर्वज बाहर से आए थे? क्या बरेली की इस धरती पर पहले कोई और लोग थे जिन्हें आर्यों ने हराया या विस्थापित किया? क्या हमारी संस्कृति, हमारी भाषा, हमारे वेद - सब कुछ बाहर से आया?

यह प्रश्न मुझे बेचैन करते रहे। इसलिए मैंने गहराई से अध्ययन करने का निर्णय लिया। मैं पांचाल संग्रहालय गया, जहां हजारों साल पुरानी वस्तुएं संरक्षित हैं। मैंने अहिच्छत्र की खुदाई के प्रतिवेदन पढ़े। मैंने वैदिक साहित्य का अध्ययन किया। मैंने आधुनिक आनुवंशिकी अनुसंधान के निष्कर्ष देखे। और जो मुझे मिला, वह चौंकाने वाला था।

मेरा निष्कर्ष स्पष्ट है - आर्य बाहर से नहीं आए। वे यहीं के थे। यह भूमि उनकी थी, यह संस्कृति उनकी थी, यह भाषा उनकी थी। लेकिन यह केवल मेरा विश्वास नहीं है। यह साक्ष्यों पर आधारित निष्कर्ष है। इस अध्याय में मैं आपको वे सभी साक्ष्य दिखाऊंगा जिनके आधार पर यह निष्कर्ष निकलता है।

यह अध्याय केवल इतिहास नहीं है। यह हमारी पहचान का प्रश्न है। यह इस बारे में है कि हम कौन हैं, हम कहां से आए, और हमारी जड़ें कहां हैं। और सबसे महत्वपूर्ण -

यह भविष्य के बारे में भी है। क्योंकि जो अपना इतिहास नहीं जानता, वह अपना भविष्य नहीं बना सकता।

भाग 1: आर्य आक्रमण सिद्धांत - औपनिवेशिक षड्यंत्र

खंड १: सिद्धांत की उत्पत्ति

अठारहवीं शताब्दी का उत्तरार्ध था। भारत पर अंग्रेजों का शासन मजबूत हो रहा था। उन्होंने केवल भारत की भूमि पर ही कब्जा नहीं किया, बल्कि भारत के इतिहास को भी अपने अनुसार लिखने का प्रयास किया। इसी क्रम में जन्म हुआ आर्य आक्रमण सिद्धांत का - एक ऐसा सिद्धांत जो अगले दो सौ वर्षों तक भारतीय मानस को प्रभावित करता रहा।

सन् १७८६ की बात है। कलकत्ता में सर विलियम जोन्स नामक एक अंग्रेज विद्वान थे। वे सर्वोच्च न्यायालय में न्यायाधीश के पद पर कार्यरत थे। उन्हें भारतीय भाषाओं

में रुचि थी, और उन्होंने संस्कृत सीखने का निर्णय लिया। जैसे-जैसे वे संस्कृत में गहरे उतरते गए, उन्हें एक आश्चर्यजनक बात का एहसास हुआ - यह भाषा तो लातीनी और यूनानी से बहुत मिलती-जुलती है!

व्याकरण की संरचना देखकर तो वे चकित रह गए। शब्दों में समानता उन्हें स्पष्ट दिखाई दी। उदाहरण के लिए, संस्कृत में पिता को पितृ कहते हैं, लातीनी में पातेर, यूनानी में पातेर - लगभग एक जैसा। माता को मातृ, मातेर, मेतेर - फिर वही समानता। तीन को त्रि, त्रेस, त्रेइस - और भी स्पष्ट समानता। यह केवल संयोग नहीं हो सकता था।

सर विलियम जोन्स ने फरवरी १७८६ में रॉयल एशियाटिक सोसाइटी के समक्ष एक व्याख्यान दिया। उन्होंने कहा कि संस्कृत भाषा, चाहे उसकी प्राचीनता कुछ भी हो, एक अद्‌भुत संरचना की है। यह यूनानी से अधिक परिपूर्ण है, लातीनी से अधिक समृद्‌ध है, और दोनों से अधिक

परिष्कृत है। फिर भी इन तीनों भाषाओं में इतनी समानता है कि यह मानना आवश्यक हो जाता है कि इन सभी की उत्पत्ति किसी एक ही स्रोत से हुई है।

इस खोज ने यूरोपीय विद्वानों में हलचल मचा दी। उन्नीसवीं शताब्दी के प्रारंभ में, विभिन्न यूरोपीय विद्वान इस पर शोध करने लगे। धीरे-धीरे एक सिद्धांत विकसित हुआ। उन्होंने कहा कि सभी समान भाषाओं की एक मूल भाषा रही होगी। इस भाषा को उन्होंने प्राक्-भारोपीय भाषा का नाम दिया। और इस भाषा को बोलने वाले लोगों को उन्होंने आर्य कहा।

अब प्रश्न था - ये आर्य लोग कहां रहते थे? यूरोपीय विद्वानों ने अनुमान लगाया कि ये लोग मूल रूप से मध्य एशिया में या यूरोप के किसी भाग में रहते होंगे। वहां से वे विभिन्न दिशाओं में फैले होंगे। कुछ पश्चिम की ओर गए और यूरोप में बसे। कुछ दक्षिण की ओर आए और ईरान होते हुए भारत पहुंचे।

भारत के संदर्भ में इस सिद्धांत का स्वरूप कुछ इस प्रकार बना - लगभग १५०० ईसा पूर्व में, आर्य लोग मध्य एशिया से भारत की ओर आए। वे घोड़ों और रथों से लैस थे। उनके पास बेहतर हथियार थे। उन्होंने यहां के मूल निवासियों को, जिन्हें द्रविड़ कहा जाता है, हराया या दक्षिण की ओर धकेल दिया। फिर उन्होंने यहां अपनी वैदिक संस्कृति स्थापित की। उन्होंने संस्कृत भाषा लाई। उन्होंने वर्ण व्यवस्था बनाई जिसमें वे स्वयं को ऊपर रखा।

इस सिद्धांत को सबसे अधिक प्रसिद्धि दिलाई फ्रेडरिक मैक्स मुलर ने। वे एक जर्मन विद्वान थे जिन्होंने वेदों का अंग्रेजी में अनुवाद किया। उन्होंने आर्य आक्रमण सिद्धांत को व्यापक रूप से प्रचारित किया। उनके अनुसार, वेदों में युद्धों का जो वर्णन है, वह आर्यों और मूल निवासियों के बीच के संघर्ष का प्रमाण है।

वेदों में दास और दस्यु शब्द आते हैं। मैक्स मुलर ने कहा कि ये मूल निवासी थे जिनसे आर्यों ने युद्ध किया। इन्द्र

देवता को पुरंदर कहा गया है, जिसका अर्थ है किलों को तोड़ने वाला। इसका मतलब यह हुआ कि आर्यों ने यहां के किलेबंद शहरों पर हमला किया और उन्हें नष्ट किया।

वेदों में घोड़ों और रथों का बहुत वर्णन है। लेकिन सिंधु घाटी सभ्यता की खुदाई में घोड़े के अवशेष नहीं मिले। इसलिए मैक्स मुलर ने निष्कर्ष निकाला कि आर्य बाहर से आए और अपने साथ घोड़े लाए। संस्कृत भाषा भारोपीय भाषा परिवार की है, इसलिए यह भी बाहर से आई होगी।

लेकिन बहुत कम लोग जानते हैं कि अपने जीवन के अंतिम वर्षों में मैक्स मुलर ने स्वयं अपनी गलती स्वीकार की। सन् १८८८ में उन्होंने लिखा कि मैंने बार-बार कहा है कि अगर मैं आर्य शब्द का उपयोग करता हूं, तो मैं इसे केवल भाषाई अर्थ में करता हूं। एक मानवशास्त्री जो आर्य रक्त, आर्य आंखें, या आर्य बाल की बात करता है, वह उतना ही गंभीर पापी है जितना एक भाषाविद जो लंबी

खोपड़ी वाले शब्दकोश या चौड़ी खोपड़ी वाले व्याकरण की बात करता है।

इसका स्पष्ट अर्थ था कि मैक्स मुलर ने मान लिया था कि आर्य कोई नस्ल नहीं, बल्कि एक भाषाई समूह था। लेकिन तब तक बहुत देर हो चुकी थी। सिद्धांत पूरे भारत में फैल चुका था। और अंग्रेज इस सिद्धांत का भरपूर उपयोग कर रहे थे।

खंड २: अंग्रेजों का उद्देश्य

अब प्रश्न उठता है कि अंग्रेजों को इस सिद्धांत से क्या लाभ था? क्यों वे इसे इतनी मेहनत से फैला रहे थे? इसके पीछे बहुत गहरी राजनीति थी।

अंग्रेजों के सामने एक बड़ी समस्या थी। वे विदेशी थे। वे भारतीयों से बिल्कुल अलग दिखते थे, अलग भाषा बोलते थे, अलग धर्म मानते थे। फिर भी वे भारत पर शासन कर रहे थे। भारतीयों के मन में स्वाभाविक रूप से यह

प्रश्न उठता था - ये विदेशी लोग हम पर शासन क्यों कर रहे हैं?

अंग्रेजों को अपने शासन को वैध ठहराना था। उन्हें भारतीयों को यह समझाना था कि उनका शासन कोई असामान्य बात नहीं है। आर्य आक्रमण सिद्धांत ने उन्हें यह अवसर दिया।

अंग्रेजों ने भारतीयों से कहना शुरू किया - देखो, तुम पर पहले भी बाहरी लोगों ने शासन किया है। आर्य बाहर से आए और यहां राज किया। फिर मुगल बाहर से आए और राज किया। अब हम आए हैं। यह तो भारत का इतिहास है। यहां हमेशा बाहरी लोग आते रहे हैं और शासन करते रहे हैं। इसमें नया क्या है?

यह तर्क बहुत खतरनाक था। इससे भारतीय मानस में यह बात बैठ गई कि भारत की नियति है कि उस पर बाहरी लोग शासन करें। यह एक तरह से मानसिक गुलामी थी।

भारतीयों को अपनी ही भूमि पर अपने को अस्थायी महसूस कराया जा रहा था।

लेकिन अंग्रेजों का उद्देश्य केवल इतना ही नहीं था। उनकी नीति थी - फूट डालो और राज करो। और आर्य सिद्धांत इसके लिए एक बहुत प्रभावी हथियार साबित हुआ।

पहला विभाजन - हिंदू और मुसलमान। अंग्रेजों ने कहा कि आर्य अर्थात हिंदू बाहर से आए और मूल निवासियों को दबाया। फिर मुस्लिम आए और हिंदुओं को दबाया। फिर हम अंग्रेज आए। इस तरह उन्होंने एक कहानी बनाई जिसमें सभी समुदाय एक-दूसरे के विरोधी दिखाए गए। इससे हिंदू-मुस्लिम एकता कमजोर हुई।

दूसरा विभाजन - उत्तर भारतीय और दक्षिण भारतीय। अंग्रेजों ने कहा कि उत्तर भारतीय आर्य हैं, बाहरी हैं। दक्षिण भारतीय द्रविड़ हैं, असली भारतीय हैं। आर्यों ने द्रविड़ों को दक्षिण की ओर धकेल दिया। इससे उत्तर और दक्षिण में

भावनात्मक दूरी बनी। आज भी कुछ द्रविड़ राजनीतिक दल इसी सिद्धांत का उपयोग करते हैं।

तीसरा विभाजन - ब्राह्मण और अन्य जातियां। अंग्रेजों ने कहा कि ब्राह्मण आर्य हैं, बाहरी हैं। निचली जातियां मूल भारतीय हैं जिन्हें आर्यों ने दबाया। इससे जाति संघर्ष बढ़ा। समाज में विभाजन गहरा हुआ।

यह सब कोई षड्यंत्र सिद्धांत नहीं है। ब्रिटिश अधिकारियों ने स्वयं इसे खुलकर स्वीकार किया है। लॉर्ड मैकाले ने सन् १८३५ में एक भाषण दिया था। उन्होंने कहा था कि मैंने भारत भर में यात्रा की है और मुझे एक भी व्यक्ति नहीं मिला जो भिखारी हो, जो चोर हो। मैंने इस देश में इतनी संपत्ति देखी है, इतने उच्च नैतिक मूल्य देखे हैं, और इतने सक्षम लोग देखे हैं कि मैं नहीं सोचता कि हम कभी इस देश को जीत सकते हैं जब तक हम इसकी रीढ़ न तोड़ दें, जो इसकी आध्यात्मिक और सांस्कृतिक विरासत है।

सन् १८५७ का स्वतंत्रता संग्राम अंग्रेजों के लिए एक बड़ा झटका था। उन्होंने देखा कि हिंदू और मुसलमान कंधे से कंधा मिलाकर उनके विरुद्ध लड़ रहे हैं। बरेली में खान बहादुर खान के नेतृत्व में हिंदू और मुसलमान सैनिकों ने एक साथ युद्ध किया। यह अंग्रेजों के लिए खतरे की घंटी थी।

इसलिए १८५७ के बाद अंग्रेजों ने फूट डालो और राज करो की नीति को और मजबूत किया। आर्य सिद्धांत इसका एक प्रमुख हिस्सा बन गया। उन्होंने इसे शिक्षा में, इतिहास की किताबों में, सरकारी दस्तावेजों में - हर जगह शामिल किया।

खंड ३: सिद्धांत के कमजोर बिंदु

अब हम देखते हैं कि इस सिद्धांत में क्या-क्या कमजोरियां हैं। जैसे-जैसे समय बीता और नए साक्ष्य मिले, यह सिद्धांत कमजोर पड़ता गया।

पहली और सबसे बड़ी कमजोरी - कोई पुरातात्विक साक्ष्य नहीं मिला। अगर सचमुच १५०० ईसा पूर्व में हजारों-लाखों आर्य मध्य एशिया से भारत आए थे, तो उनके आने के निशान कहां हैं? मध्य एशिया से भारत तक का रास्ता लंबा है। इस पूरे मार्ग में उनकी बस्तियां होनी चाहिए थीं। उनके शिविर होने चाहिए थे। उनके हथियार, औजार, बर्तन - कुछ तो मिलना चाहिए था। लेकिन ऐसा कुछ भी नहीं मिला।

घोड़ों के अवशेष मिलने चाहिए थे। रथों के अवशेष मिलने चाहिए थे। अगर यह एक आक्रमण था, तो युद्ध के निशान होने चाहिए थे - जली हुई बस्तियां, शव, हथियार। अगर यह शांतिपूर्ण प्रवासन था, तब भी इतने बड़े पैमाने पर आने वाले लोगों के कुछ निशान तो होने ही चाहिए थे। लेकिन कुछ भी नहीं मिला।

सिंधु घाटी सभ्यता का पतन लगभग १९०० ईसा पूर्व में हुआ। वैदिक सभ्यता १५०० ईसा पूर्व के आसपास दिखाई

देती है। अगर आर्यों ने सिंधु घाटी सभ्यता को नष्ट किया, तो उसके निशान होने चाहिए थे। लेकिन पुरातत्वविदों ने पाया कि सिंधु घाटी सभ्यता का पतन धीरे-धीरे हुआ, अचानक नहीं। कोई बड़े पैमाने पर युद्ध या विनाश के प्रमाण नहीं मिले।

इसके विपरीत, जो मिला वह सांस्कृतिक निरंतरता थी। सिंधु घाटी सभ्यता और बाद की वैदिक सभ्यता में कई समानताएं हैं। यह एक संस्कृति से दूसरी संस्कृति में धीरे-धीरे परिवर्तन की कहानी लगती है, न कि एक संस्कृति द्वारा दूसरी को अचानक नष्ट करने की।

दूसरी बड़ी कमजोरी - घोड़े का प्रश्न। मैक्स मुलर ने कहा था कि सिंधु घाटी सभ्यता में घोड़े नहीं मिले, इसलिए आर्य बाहर से आए और घोड़े लाए। लेकिन यह तर्क भी गलत साबित हुआ।

सन् १९७४ में, पुरातत्वविदों ने सुरकोटदा नामक स्थान पर खुदाई की। यह गुजरात में है और सिंधु घाटी सभ्यता का

एक महत्वपूर्ण स्थल है। यहां उन्हें घोड़े की हड्डियां मिलीं। और ये हड्डियां २१०० से १७०० ईसा पूर्व की थीं - यानी कथित आर्य आगमन से भी पहले की!

इसके बाद कालीबंगन और लोथल जैसे अन्य स्थलों पर भी घोड़े के अवशेष मिले। लोथल में एक मुहर पर घोड़े की आकृति भी मिली। मिट्टी के बर्तनों पर घोड़े के चित्र मिले। यह स्पष्ट हो गया कि सिंधु घाटी सभ्यता में घोड़े थे। इसलिए घोड़े बाहर से आए का तर्क गलत था।

तीसरी कमजोरी - दास और दस्यु शब्दों की व्याख्या। मैक्स मुलर ने कहा था कि वेदों में दास और दस्यु मूल निवासी थे जिनसे आर्यों ने युद्ध किया। लेकिन जब वेदों का गहराई से अध्ययन किया गया, तो यह व्याख्या भी गलत साबित हुई।

संस्कृत में दास शब्द का अर्थ है सेवक या गुलाम। यह किसी जाति या नस्ल का नाम नहीं था। यह एक सामाजिक स्थिति थी। कोई भी व्यक्ति युद्ध में हारकर, या ऋण न

चुका पाने पर, या किसी अन्य कारण से दास बन सकता था।

दस्यु शब्द का अर्थ है लुटेरा या डाकू। यह भी किसी विशेष जाति का नाम नहीं था। जो भी व्यक्ति लूटपाट करता था, उसे दस्यु कहा जाता था।

और सबसे महत्वपूर्ण बात - ऋग्वेद में कई जगह आर्यों के बीच ही युद्ध का वर्णन है। वे एक-दूसरे को भी दस्यु कहते थे। सबसे प्रसिद्ध उदाहरण है दाशराज्ञ युद्ध, यानी दस राजाओं का युद्ध। यह ऋग्वेद के सातवें मंडल में वर्णित है। इस युद्ध में दस आर्य राजाओं ने भरत राजा सुदास के विरुद्ध युद्ध किया। सभी आर्य थे, फिर भी आपस में लड़ रहे थे।

इससे स्पष्ट हो गया कि दास और दस्यु नस्लीय शब्द नहीं थे। ये सामाजिक या राजनीतिक शब्द थे। इनका उपयोग शत्रु या विरोधी के लिए किया जाता था, चाहे वह कोई भी हो।

चौथी कमजोरी - सरस्वती नदी का साक्ष्य। यह बहुत महत्वपूर्ण साक्ष्य है। ऋग्वेद में सरस्वती नदी का बहत्तर बार उल्लेख है। इसे नदीतमा, यानी नदियों में सर्वश्रेष्ठ कहा गया है। वेद में इसका वर्णन एक बहुत बड़ी, शक्तिशाली नदी के रूप में है जो हिमालय से निकलती थी और समुद्र में गिरती थी।

आधुनिक शोध ने पाया कि सरस्वती वास्तव में अस्तित्व में थी। भारतीय अंतरिक्ष अनुसंधान संगठन ने उपग्रह चित्रों से इस नदी के सूखे हुए मार्ग की खोज की। यह नदी हरियाणा में हिमालय से निकलती थी, राजस्थान से होकर बहती थी, और गुजरात में कच्छ की खाड़ी में गिरती थी। कुछ स्थानों पर इसकी चौड़ाई पंद्रह किलोमीटर तक थी।

भूवैज्ञानिकों ने पाया कि यह नदी लगभग १९०० ईसा पूर्व में सूख गई। कारण था जलवायु परिवर्तन और भूकंप। सतलुज और यमुना नदियों ने, जो पहले सरस्वती में

मिलती थीं, अपना मार्ग बदल लिया। इससे सरस्वती का जल प्रवाह कम हो गया और वह सूख गई।

अब प्रश्न उठता है - अगर आर्य १५०० ईसा पूर्व में बाहर से आए, तो उन्होंने सरस्वती को कैसे देखा? वह तो १९०० ईसा पूर्व में ही सूख चुकी थी। और वेदों में तो उसका इतना विस्तृत वर्णन है कि यह स्पष्ट है कि वर्णन करने वाले ने उसे अपनी आंखों से देखा था, न कि केवल सुनी-सुनाई बातों से।

इसका एक ही अर्थ हो सकता है - या तो वेद १९०० ईसा पूर्व से पहले के हैं, या फिर वेदों की रचना करने वाले लोग यहीं रहते थे और उन्होंने सरस्वती को देखा था। दोनों ही स्थितियों में, आर्य १५०० ईसा पूर्व में बाहर से नहीं आए होंगे।

भाग 2: साक्ष्यों की विस्तृत समीक्षा

खंड 1: पुरातात्विक साक्ष्य - बरेली और आसपास के क्षेत्र की कहानी

अब हम अपने क्षेत्र, बरेली और उसके आसपास के पुरातात्विक साक्ष्यों को देखते हैं। ये साक्ष्य हमें बताते हैं कि यहां वास्तव में क्या हुआ था।

बरेली से मात्र चालीस किलोमीटर दूर है अहिच्छत्र। यह प्राचीन भारत के सबसे महत्वपूर्ण नगरों में से एक था। यह पांचाल राज्य की राजधानी थी। महाभारत में द्रौपदी पांचाल की राजकुमारी थीं, और उनका जन्म इसी क्षेत्र में हुआ था।

भारतीय पुरातत्व सर्वेक्षण ने सन् १९४० से १९४४ के बीच यहां व्यापक खुदाई की। इस खुदाई से जो निष्कर्ष निकले, वे बहुत महत्वपूर्ण हैं। यहां कई परतें मिलीं, जो अलग-

अलग समय के हैं। सबसे नीचे की परत सबसे पुरानी है, और जैसे-जैसे ऊपर जाते हैं, परतें नई होती जाती हैं।

सबसे निचली परत में गेरुआ रंग के बर्तन मिले। इन्हें गेरुआ वर्णी मृद्भांड कहते हैं। ये लगभग २००० से १५०० ईसा पूर्व के हैं। इसी परत में तांबे के औजार भी मिले। गेहूं और जौ के दाने मिले, जो बताते हैं कि यहां खेती होती थी। पशुओं की हड्डियां मिलीं - गाय, बकरी, भेड़ की। इसका अर्थ है कि लोग पशुपालन भी करते थे।

इस परत से जो चित्र उभरता है, वह एक साधारण कृषि समाज का है। लोग छोटे-छोटे गांवों में रहते थे। वे खेती करते थे, पशु पालते थे। उनके औजार तांबे के थे। उनके घर मिट्टी के थे। उनके बर्तन हाथ से बनाए गए थे, चाक पर नहीं।

फिर आती है दूसरी परत। यह लगभग १५०० से १००० ईसा पूर्व की है। इसमें एक नए प्रकार के बर्तन मिलते हैं। ये धूसर रंग के हैं और इन पर काले रंग से चित्र बने हैं।

इन्हें चित्रित धूसर मृद्भांड कहते हैं। यह वैदिक काल की विशिष्ट पहचान है। पूरे उत्तर भारत में जहां-जहां यह मृद्भांड मिला है, वहां वैदिक संस्कृति की उपस्थिति मानी जाती है।

इस परत में लोहे के औजार भी मिलने लगते हैं, हालांकि शुरुआत में बहुत कम। घर बेहतर हो गए हैं। कच्ची ईंटों की दीवारें दिखाई देती हैं। बर्तनों की गुणवत्ता बेहतर है। चाक का उपयोग होने लगा है। बस्तियां बड़ी हो गई हैं।

लेकिन सबसे महत्वपूर्ण बात - इन दोनों परतों के बीच कोई अचानक परिवर्तन नहीं दिखता। कोई युद्ध, आग, विनाश के निशान नहीं हैं। यह एक धीमा, क्रमिक परिवर्तन है। नीचे की परत में रहने वाले लोग गायब नहीं हो गए। वे वैसे ही रहे, केवल उनकी संस्कृति धीरे-धीरे बदलती गई।

यह बहुत महत्वपूर्ण साक्ष्य है। अगर १५०० ईसा पूर्व में बाहर से आर्य आए होते और उन्होंने यहां के लोगों को

हराया होता, तो इस समय की परत में युद्ध के निशान होने चाहिए थे। जली हुई इमारतें होनी चाहिए थीं। बड़ी संख्या में शव होने चाहिए थे। अचानक सांस्कृतिक परिवर्तन होना चाहिए था। लेकिन ऐसा कुछ भी नहीं दिखता।

इसके बजाय जो दिखता है, वह यह है कि समाज धीरे-धीरे विकसित हो रहा था। तांबे की जगह लोहे का उपयोग बढ़ रहा था। बर्तन बनाने की तकनीक बेहतर हो रही थी। घर बेहतर बन रहे थे। लेकिन लोग वही थे।

इसके बाद तीसरी परत आती है, जो लगभग १००० से ६०० ईसा पूर्व की है। इसमें एक और नए प्रकार के बर्तन मिलते हैं। ये काले रंग के, बहुत चमकदार बर्तन हैं। इन्हें उत्तरी काली चमकदार मृद्भांड कहते हैं। यह महाजनपद काल की पहचान है। इस समय तक लोहे का उपयोग बहुत बढ़ गया था। पक्की ईंटों का निर्माण शुरू हो गया था। सिक्के चलने लगे थे। मुहरें मिलती हैं जिन पर लेख हैं।

यहां भी धीमा, क्रमिक विकास दिखता है। कोई अचानक परिवर्तन नहीं। यह एक सतत सभ्यता की कहानी है जो धीरे-धीरे विकसित हो रही थी।

बरेली से लगभग सौ बीस किलोमीटर दक्षिण-पश्चिम में है हस्तिनापुर। यह महाभारत का प्रसिद्ध नगर था। कौरवों और पांडवों की राजधानी। यहां भी भारतीय पुरातत्व सर्वेक्षण ने खुदाई की।

हस्तिनापुर में भी वही चित्र मिलता है। चित्रित धूसर मृद्भांड की परत लगभग १२०० से ८०० ईसा पूर्व की है। यह वह समय है जब महाभारत का युद्ध हुआ माना जाता है। लेकिन पुरातत्व में कोई बड़े युद्ध के निशान नहीं मिले। केवल बाढ़ के निशान मिले, जो शायद गंगा नदी की बाढ़ से हुए होंगे।

इससे एक और महत्वपूर्ण बात पता चलती है। वेदों और महाभारत में जो युद्धों का वर्णन है, वे शायद अतिश्योक्तिपूर्ण हैं। या फिर वे बहुत लंबे समय की छोटी-

छोटी घटनाओं को मिलाकर एक बड़ी कहानी बनाई गई है। पुरातत्व तो यही कहता है कि बड़े पैमाने पर युद्ध और विनाश नहीं हुआ।

एटा जिले में अतरंजीखेड़ा नामक एक और स्थल है। यह बरेली से लगभग अस्सी किलोमीटर दक्षिण में है। यहां भी वही क्रम दिखता है - गेरुआ वर्णी मृद्भांड, फिर चित्रित धूसर मृद्भांड, फिर उत्तरी काली चमकदार मृद्भांड। और हर जगह धीमा, शांतिपूर्ण परिवर्तन। कोई आक्रमण, युद्ध, विनाश के निशान नहीं।

तो बरेली क्षेत्र का पुरातत्व क्या कहता है? यह कहता है कि यहां लगभग २००० ईसा पूर्व से लोग रहते थे। वे खेती करते थे, पशुपालन करते थे। धीरे-धीरे उनकी संस्कृति विकसित हुई। तांबे से लोहे की ओर गए। बर्तन बनाने की तकनीक बेहतर हुई। बस्तियां बड़ी हुईं। लेकिन यह सब धीमे-धीमे हुआ। कोई बाहरी लोग आकर उन्हें नहीं हराए।

कोई नई नस्ल नहीं आई। बस एक सभ्यता धीरे-धीरे विकसित होती रही।

खंड 2: भाषाविज्ञान साक्ष्य - संस्कृत की प्राचीनता

अब हम भाषा के साक्ष्य देखते हैं। संस्कृत और अन्य भारोपीय भाषाओं में समानता है, यह तो हम पहले ही देख चुके हैं। लेकिन प्रश्न यह है - कौन सी भाषा पहले आई?

जब हम संस्कृत और अन्य भारोपीय भाषाओं की तुलना करते हैं, तो एक बात स्पष्ट दिखती है - संस्कृत सबसे अधिक जटिल और व्यवस्थित है। इसका व्याकरण बहुत परिष्कृत है। इसकी शब्द रचना बहुत विधिवत है। इसमें सबसे अधिक विभक्तियां हैं, सबसे अधिक काल हैं, सबसे जटिल क्रिया रूप हैं।

भाषाविज्ञान का एक सिद्धांत है - भाषाएं समय के साथ सरल होती जाती हैं, जटिल नहीं। प्राचीन भाषाएं अधिक

जटिल होती हैं, नई भाषाएं सरल होती जाती हैं। यह एक स्वाभाविक प्रक्रिया है।

उदाहरण के लिए, संस्कृत में आठ विभक्तियां हैं। प्राकृत में तीन-चार रह गईं। हिंदी में केवल दो-तीन हैं, और वो भी परसर्गों के रूप में। यही पैटर्न अन्य भाषाओं में भी दिखता है। लातीनी में छह विभक्तियां थीं। इतालवी और फ्रांसीसी में लगभग नहीं के बराबर रह गईं।

इसका मतलब क्या है? इसका मतलब यह है कि जो भाषा सबसे जटिल है, वह सबसे पुरानी होने की संभावना है। और संस्कृत सभी भारोपीय भाषाओं में सबसे जटिल है।

संस्कृत में शब्द निर्माण की व्यवस्था बहुत विकसित है। हर शब्द को उसके मूल धातु में तोड़ा जा सकता है। हर धातु का एक अर्थ है। फिर विभिन्न प्रत्ययों को जोड़कर नए शब्द बनाए जाते हैं। यह व्यवस्था इतनी विधिवत है कि आप किसी भी शब्द को देखकर उसका अर्थ समझ सकते हैं, भले ही आपने वह शब्द पहले कभी न सुना हो।

उदाहरण के लिए, वच् धातु का अर्थ है बोलना। इससे बनते हैं - वचन (जो बोला गया), वाचा (भाषण), वाचक (बोलने वाला), उद्वचन (उच्चारण), संवचन (संवाद), प्रवचन, विवचन - और भी बहुत कुछ। हर शब्द का अर्थ उसके घटकों से समझा जा सकता है।

यह व्यवस्था दर्शाती है कि संस्कृत एक बहुत परिपक्व, विकसित भाषा थी। यह किसी नई, अविकसित भाषा नहीं थी। इतनी जटिल व्यवस्था एक दिन में नहीं बन सकती। इसे बनने में सदियां लगी होंगी।

अब वेदों की भाषा को देखें। ऋग्वेद की भाषा वैदिक संस्कृत है। यह बाद की शास्त्रीय संस्कृत से भी अलग है। वैदिक संस्कृत और भी पुरानी है, और कुछ मामलों में और भी जटिल है।

वैदिक संस्कृत में स्वर लहजा था। हर शब्द में उच्चारण का एक विशेष लहजा होता था। यह बहुत महत्वपूर्ण था। गलत लहजे से उच्चारण करने पर शब्द का अर्थ बदल

जाता था, या फिर मंत्र का प्रभाव नष्ट हो जाता था। यही कारण है कि वेदों को मौखिक रूप से इतनी सावधानी से संरक्षित किया गया।

आज की भाषाओं में यह स्वर लहजा नहीं है। लेकिन प्राचीन यूनानी में था। यह भी दर्शाता है कि वैदिक संस्कृत बहुत पुरानी है।

वैदिक संस्कृत में तीन वचन थे - एकवचन, द्विवचन (दो के लिए), और बहुवचन। बाद की संस्कृत में भी ये रहे, लेकिन हिंदी और अन्य आधुनिक भाषाओं में द्विवचन लुप्त हो गया। केवल एकवचन और बहुवचन रह गए।

वैदिक संस्कृत में क्रिया के बहुत जटिल रूप थे। विभिन्न काल, विभिन्न पुरुष, विभिन्न वचन - सब कुछ मिलाकर सैकड़ों रूप बनते थे। बाद में ये सरल होते गए।

यह सब क्या दर्शाता है? यह दर्शाता है कि वैदिक संस्कृत अत्यंत प्राचीन है। और जो लोग इसे बोलते थे, वे यहां

बहुत लंबे समय से रहे होंगे। एक नई आई हुई भाषा इतनी जटिल और विकसित नहीं हो सकती।

खंड 3: ऋग्वेद का भूगोल - नदियों की गवाही

अब हम देखते हैं कि ऋग्वेद में किन नदियों, पर्वतों और स्थानों का उल्लेख है। यह हमें बताता है कि वेदों की रचना कहां हुई।

ऋग्वेद के दसवें मंडल में एक विशेष सूक्त है जो नदियों को समर्पित है। इसमें अनेक नदियों के नाम हैं। आइए इन नामों को देखें और समझें कि ये नदियां कहां हैं।

गंगा, यमुना, सरस्वती - ये तीन सबसे प्रमुख हैं। गंगा और यमुना तो आज भी हैं। सरस्वती के बारे में हम पहले ही चर्चा कर चुके हैं।

शतद्रु - यह आज की सतलुज नदी है जो पंजाब में बहती है। परुष्णी - यह रावी नदी है। असिक्नी - यह चिनाब है।

वितस्ता - यह झेलम है। ये सभी पंजाब और कश्मीर की नदियां हैं।

अब ध्यान दें - ये सभी नदियां कहां हैं? सभी उत्तर भारत में हैं। पंजाब, हरियाणा, उत्तर प्रदेश, कश्मीर - इन्हीं क्षेत्रों में।

कोई भी नदी मध्य एशिया की नहीं है। कोई भी नदी अफगानिस्तान की नहीं है (सिंधु को छोड़कर, जो हालांकि उस समय भारत का ही हिस्सा थी)। यह बहुत महत्वपूर्ण है।

अगर आर्य मध्य एशिया से आए होते, तो वेदों में उन नदियों का उल्लेख होना चाहिए था जो वहां हैं। आमू दरिया, सीर दरिया - ये मध्य एशिया की प्रमुख नदियां हैं। लेकिन वेदों में इनका कोई उल्लेख नहीं है।

इसके विपरीत, जो नदियां वेदों में हैं, वे सब भारत की हैं। यह स्पष्ट रूप से दर्शाता है कि वेदों की रचना भारत में

हुई, मध्य एशिया में नहीं। और जिन लोगों ने वेदों की रचना की, वे भारत में रहते थे, बाहर से नहीं आए थे।

अब सरस्वती पर और ध्यान दें। ऋग्वेद में सरस्वती का बहत्तर बार उल्लेख है। गंगा का केवल तीन बार। यह बताता है कि वेदों की रचना के समय सरस्वती बहुत महत्वपूर्ण नदी थी। शायद गंगा उस समय इतनी प्रमुख नहीं थी।

सरस्वती को नदीतमा कहा गया है - नदियों में सर्वश्रेष्ठ। इसके लिए कहा गया है कि यह पर्वतों से समुद्र तक बहती है। इसकी स्तुति में अनेक सूक्त हैं।

लेकिन हम जानते हैं कि सरस्वती लगभग १९०० ईसा पूर्व में सूख गई। अगर वेद १५०० ईसा पूर्व के हैं, तो उनमें सरस्वती का इतना विस्तृत वर्णन कैसे हो सकता है? एक सूखी हुई नदी को नदीतमा कैसे कहा जा सकता है?

इसका एक ही उत्तर है - वेद १९०० ईसा पूर्व से पहले के हैं। या फिर, वेदों की रचना करने वाले लोग यहीं रहते थे

और उन्होंने सरस्वती को अपनी आंखों से देखा था। दोनों ही स्थितियों में, आर्य १५०० ईसा पूर्व में बाहर से नहीं आए होंगे।

सरस्वती के सूखे हुए मार्ग के किनारे हजारों पुरातात्विक स्थल मिले हैं। ये सिंधु घाटी सभ्यता के स्थल हैं। इसका अर्थ है कि सिंधु घाटी सभ्यता वास्तव में सरस्वती-सिंधु सभ्यता थी। और यह सभ्यता सरस्वती के किनारे फली-फूली।

अब एक और महत्वपूर्ण बात। बरेली का क्षेत्र प्राचीन पांचाल जनपद का हिस्सा था। पांचाल का उल्लेख बाद के वैदिक साहित्य में आता है। शतपथ ब्राह्मण में पांचाल का वर्णन है। यजुर्वेद में भी पांचाल राजाओं का उल्लेख है।

महाभारत काल में पांचाल एक शक्तिशाली राज्य था। द्रौपदी पांचाल की राजकुमारी थीं। पांचाल की राजधानी थी अहिच्छत्र - जो बरेली से मात्र पचास किलोमीटर दूर है।

इसका अर्थ है कि बरेली क्षेत्र वैदिक सभ्यता का हिस्सा था। यह कोई बाहरी, दूरस्थ क्षेत्र नहीं था। यह वैदिक संस्कृति का केंद्र था।

भाग 3: सत्य - आर्य यहीं के थे

आर्य शब्द का वास्तविक अर्थ

अब तक हमने बहुत साक्ष्य देखे। अब हम समझते हैं कि आर्य शब्द का वास्तव में क्या अर्थ था।

वेदों में आर्य शब्द का प्रयोग किन संदर्भों में हुआ है, यह समझना बहुत महत्वपूर्ण है। ऋग्वेद को ध्यान से पढ़ने पर पता चलता है कि आर्य एक नैतिक और सांस्कृतिक गुण था, कोई नस्ल या जाति नहीं।

एक मंत्र में कहा गया है - वे श्रेष्ठ हैं, सभी लोक के राजा हैं, आर्य हैं। यहां आर्य शब्द का अर्थ है श्रेष्ठ, नेक, सभ्य। यह एक विशेषण की तरह प्रयुक्त हुआ है, संज्ञा की तरह नहीं।

दूसरे मंत्रों में कहा गया है - हे आर्यों, अपनी बुद्धि से इंद्र को बढ़ाओ। यहां आर्य का अर्थ है वैदिक धर्म के अनुयायी।

जो लोग वेदों को मानते थे, यज्ञ करते थे, इंद्र और अन्य वैदिक देवताओं की पूजा करते थे, वे आर्य कहलाते थे।

कुछ मंत्रों में आर्य और दास को विपरीत दिखाया गया है। लेकिन जैसा हमने पहले देखा, दास कोई नस्ल नहीं थी। यह एक सामाजिक स्थिति थी। जो लोग वैदिक संस्कार नहीं करते थे, जो यज्ञ नहीं करते थे, जो वैदिक जीवनशैली नहीं अपनाते थे, उन्हें दास या दस्यु कहा जाता था।

लेकिन यह कोई स्थायी श्रेणी नहीं थी। एक व्यक्ति वैदिक संस्कार अपनाकर दास से आर्य बन सकता था। और अगर कोई आर्य वैदिक मार्ग छोड़ देता, तो वह दास बन सकता था।

यह बहुत महत्वपूर्ण बात है। आर्य एक खुली श्रेणी थी। यह जन्म से नहीं, बल्कि आचरण से निर्धारित होती थी। जो कोई भी संस्कृत सीखता, वेदों को अपनाता, यज्ञ करता, वैदिक जीवनशैली जीता - वह आर्य बन सकता था।

अवेस्ता में भी आर्य शब्द मिलता है, हालांकि वहां इसका रूप है आइर्य। अवेस्ता प्राचीन ईरान का धर्मग्रंथ है। यह जरथुष्ट्र धर्म का पवित्र ग्रंथ है।

अवेस्ता में आर्यों की भूमि का उल्लेख है। प्राचीन ईरान को आर्यों की भूमि कहा जाता था। आज का ईरान शब्द भी इसी से आया है - आर्यनाम, यानी आर्यों की भूमि।

लेकिन ध्यान दें - यहां भी आर्य का अर्थ नस्ल नहीं था। यह एक सांस्कृतिक और धार्मिक पहचान थी। जो लोग जरथुष्ट्र के धर्म को मानते थे, जो अवेस्तन भाषा बोलते थे, जो विशेष जीवनशैली जीते थे - वे आर्य कहलाते थे।

तो निष्कर्ष क्या है? निष्कर्ष यह है कि आर्य एक भाषाई और सांस्कृतिक पहचान थी। यह कोई नस्ल नहीं थी। यह कोई विशेष शारीरिक विशेषताएं नहीं थी। यह कोई विशेष आनुवंशिकी नहीं थी।

आर्य वे थे जो संस्कृत या अवेस्तन बोलते थे, जो वैदिक या जरथुष्ट्री धर्म मानते थे, जो विशेष सांस्कृतिक

मान्यताएं रखते थे। और कोई भी व्यक्ति इन चीजों को अपनाकर आर्य बन सकता था।

बरेली में सांस्कृतिक परिवर्तन

अब हम समझते हैं कि बरेली में वास्तव में क्या हुआ। पुरातात्विक साक्ष्यों ने हमें दिखाया कि यहां कोई आक्रमण नहीं हुआ। तो फिर गेरुआ वर्णी मृद्भांड से चित्रित धूसर मृद्भांड में परिवर्तन कैसे हुआ? सांस्कृतिक बदलाव कैसे आया?

मेरा मानना है कि यह एक धीमी, शांतिपूर्ण सांस्कृतिक प्रक्रिया थी। इसे हम सांस्कृतिकीकरण या आर्यीकरण कह सकते हैं।

क्या हुआ होगा? पंजाब और हरियाणा के क्षेत्र में, सरस्वती नदी के किनारे, एक विशेष संस्कृति विकसित हुई। यह वैदिक संस्कृति थी। इस संस्कृति की कुछ विशेषताएं थीं

- संस्कृत भाषा, यज्ञ की परंपरा, विशेष देवता (इंद्र, अग्नि, वरुण), विशेष सामाजिक व्यवस्था।

यह संस्कृति धीरे-धीरे फैलने लगी। लोग व्यापार के लिए आते-जाते थे। विवाह होते थे। धार्मिक प्रचारक घूमते थे। शक्तिशाली राजाओं का विस्तार होता था। इन सभी माध्यमों से वैदिक संस्कृति पूर्व की ओर फैलती गई।

बरेली के लोगों ने इस संस्कृति को देखा। उन्हें यह आकर्षक लगी। शायद यह अधिक विकसित लगी। शायद इसमें कुछ राजनीतिक लाभ था। शायद बस सांस्कृतिक आकर्षण था। जो भी कारण हो, उन्होंने धीरे-धीरे इस संस्कृति को अपनाना शुरू किया।

पहले कुछ लोगों ने अपनाया। फिर और लोगों ने। फिर पूरे समुदायों ने। यह प्रक्रिया सैकड़ों वर्षों में हुई। धीरे-धीरे, बरेली के लोग वैदिक बन गए। वे आर्य बन गए।

लेकिन ध्यान दें - ये वही लोग थे जो पहले यहां रहते थे। इनका शरीर नहीं बदला। इनका आनुवंशिकी नहीं बदला।

केवल इनकी संस्कृति बदली। इन्होंने संस्कृत सीखी। इन्होंने यज्ञ करना सीखा। इन्होंने नए देवताओं को मानना शुरू किया। इन्होंने नई जीवनशैली अपनाई।

यह प्रक्रिया आज भी होती है। जब एक आदिवासी परिवार शहर आता है, तो क्या होता है? वे हिंदी सीखते हैं। वे आधुनिक कपड़े पहनते हैं। वे हिंदू या अन्य मुख्यधारा धर्म अपनाते हैं। कुछ पीढ़ियों में, वे पूरी तरह मुख्यधारा में आ जाते हैं। लेकिन उनका शरीर, उनका आनुवंशिकी वही रहता है। केवल संस्कृति बदलती है।

ठीक यही बरेली में हुआ। २००० ईसा पूर्व में यहां के लोग एक स्थानीय संस्कृति में थे। उनकी अपनी भाषा थी, अपने देवता थे, अपनी परंपराएं थीं। फिर धीरे-धीरे उन्होंने वैदिक संस्कृति अपनाई। १००० ईसा पूर्व तक, वे पूरी तरह वैदिक बन गए थे। अब वे आर्य कहलाते थे।

लेकिन वे वही लोग थे। वे बाहर से नहीं आए थे। यह उनका ही सांस्कृतिक विकास था।

प्रवासन - मानव इतिहास का स्वभाव

अब एक महत्वपूर्ण प्रश्न पर आते हैं। यह सच है कि बरेली में कोई बड़ा आक्रमण नहीं हुआ। यह भी सच है कि यहां के लोगों ने ही वैदिक संस्कृति अपनाई। लेकिन इसका यह अर्थ नहीं कि लोग बिल्कुल भी नहीं चलते थे। छोटे-छोटे समूहों में लोग हमेशा आते-जाते रहे हैं। यह मानव स्वभाव है।

मानव इतिहास प्रवासन का इतिहास है। हमारे पूर्वज अफ्रीका में जन्मे थे। लगभग पैंसठ हजार वर्ष पहले, कुछ साहसी लोगों ने अफ्रीका छोड़ने का निर्णय लिया। वे मध्य पूर्व की ओर चले। वहां से कुछ लोग यूरोप गए। कुछ लोग भारत की ओर आए। भारत से कुछ लोग दक्षिण-पूर्व की ओर गए और आस्ट्रेलिया तक पहुंचे। कुछ लोग उत्तर की ओर गए और अंततः अमेरिका तक पहुंचे।

यह एक लंबी यात्रा थी। हजारों-हजारों वर्षों की। लेकिन इस यात्रा ने पूरी दुनिया को बसाया। आज हर महाद्वीप पर मानव हैं। लेकिन सभी मूल रूप से अफ्रीका से ही आए हैं।

इसलिए, एक अर्थ में, हर कोई कभी प्रवासी था। अफ्रीका के बाहर कोई भी मूल निवासी नहीं है। सभी कभी न कभी बाहर से आए हैं। केवल समय का अंतर है।

भारत में भी लोग आते-जाते रहे हैं। लेकिन ये बड़े आक्रमण नहीं थे। ये छोटे-छोटे समूह थे। व्यापारी आते थे। कुछ लोग बेहतर जमीन की तलाश में आते थे। कुछ युद्ध या प्राकृतिक आपदा से बचकर आते थे। कुछ बस जिज्ञासावश घूमते-घूमते आ जाते थे।

और ये लोग यहां आकर स्थानीय समाज में मिल जाते थे। वे स्थानीय भाषा सीखते थे। स्थानीय रीति-रिवाज अपनाते थे। स्थानीय लोगों से विवाह करते थे। कुछ पीढ़ियों में, वे पूरी तरह मिल जाते थे। उनकी अलग पहचान नहीं रह जाती थी।

यह प्रक्रिया सभी समाजों में होती रही है। यह प्राकृतिक है। यह स्वस्थ भी है। इससे समाज में नए विचार आते हैं, नई तकनीकें आती हैं, विविधता बढ़ती है।

लेकिन इसका अर्थ यह नहीं कि एक पूरी नई नस्ल आ गई और पुरानी नस्ल को हटा दिया। ऐसा नहीं होता। छोटे-छोटे समूह आते हैं और बड़े समाज में मिल जाते हैं। समुद्र में बूंदों की तरह।

बरेली में भी यही हुआ होगा। कुछ लोग पश्चिम से आए होंगे। कुछ दक्षिण से। कुछ उत्तर से। लेकिन ये सब मिलकर बरेली के समाज का हिस्सा बन गए। एक नई मिश्रित संस्कृति बनी। लेकिन यह कोई आक्रमण नहीं था। यह स्वाभाविक सांस्कृतिक आदान-प्रदान था।

आधुनिक उदाहरण - संसार में प्रवासन

अब हम देखते हैं कि आधुनिक काल में प्रवासन कैसे हुए। इससे हमें समझने में मदद मिलेगी कि अगर सचमुच कोई बड़ा प्रवासन होता तो कैसा दिखता।

सबसे स्पष्ट उदाहरण है यूरोपीय लोगों का अमेरिका में बसना। सन् चौदह सौ बानवे में कोलंबस अमेरिका पहुंचा। इसके बाद अगले चार सौ वर्षों में लाखों यूरोपीय लोग अमेरिका गए। स्पेनवासी दक्षिण अमेरिका गए। अंग्रेज उत्तरी अमेरिका गए। पुर्तगाली ब्राज़ील गए। फ्रांसवासी कनाडा गए।

यह एक बहुत बड़ा प्रवासन था। और इसके निशान बहुत स्पष्ट हैं। पुरातत्व में जहाज़ों के अवशेष मिलते हैं। बंदरगाह मिलते हैं। पहली बस्तियों के निशान मिलते हैं। यूरोपीय हथियार मिलते हैं। यूरोपीय बर्तन मिलते हैं। चर्च के अवशेष मिलते हैं।

और सबसे महत्वपूर्ण - मूल निवासियों पर क्या प्रभाव पड़ा? अमेरिका के मूल निवासी, जिन्हें लाल भारतीय भी कहा जाता था, लगभग नष्ट हो गए। यूरोपीय लोग अपने साथ बीमारियां लाए - चेचक, खसरा, इन्फ्लुएंजा। इन

बीमारियों से मूल निवासियों की आबादी में नब्बे प्रतिशत की कमी आ गई। साठ लाख लोग मात्र छह लाख रह गए।

फिर युद्ध हुए। यूरोपीय लोगों के पास बेहतर हथियार थे - बंदूकें, तोपें। मूल निवासियों के पास तीर-कमान थे। युद्ध में वे हार गए। उनकी भूमि छीन ली गई। उन्हें आरक्षित क्षेत्रों में भेज दिया गया।

आज अमेरिका में मूल निवासी मात्र एक प्रतिशत हैं। निन्यानवे प्रतिशत लोग यूरोपीय, अफ्रीकी (जिन्हें गुलाम बनाकर लाया गया था), या अन्य प्रवासियों के वंशज हैं।

यह एक वास्तविक आक्रमण और विस्थापन का उदाहरण है। और इसके निशान बहुत स्पष्ट हैं।

अब भारत में कथित आर्य आक्रमण से तुलना करें। भारत में ऐसे कोई निशान नहीं हैं। कोई बड़े पैमाने पर विनाश नहीं है। मूल निवासी गायब नहीं हुए। कोई अचानक सांस्कृतिक परिवर्तन नहीं है।

इसका केवल एक ही अर्थ हो सकता है - भारत में कोई बड़ा आक्रमण नहीं हुआ।

दूसरा उदाहरण है आस्ट्रेलिया। सन् सत्रह सौ अठासी में अंग्रेज आस्ट्रेलिया पहुंचे। वहां के मूल निवासी, जिन्हें आदिवासी कहा जाता है, लगभग साढ़े सात लाख थे। अंग्रेजों ने उनकी भूमि पर कब्जा कर लिया। उन्होंने कहा कि यह भूमि किसी की नहीं है, खाली है। इसे उन्होंने लातीनी में तेर्रा नुल्लियुस कहा - खाली भूमि।

मूल निवासियों को मारा गया। उनकी बस्तियां नष्ट की गईं। उनकी संस्कृति को दबाया गया। आज आस्ट्रेलिया में मूल निवासी मात्र तीन प्रतिशत हैं। बाकी सब यूरोपीय प्रवासियों के वंशज हैं।

यह भी एक वास्तविक विस्थापन का उदाहरण है।

भारत में ऐसा कुछ नहीं हुआ। यहां के मूल निवासी आज भी बहुसंख्यक हैं। उनकी संस्कृति जीवित है। उनकी भाषाएं

जीवित हैं। यह स्पष्ट दर्शाता है कि यहां कोई बड़ा विस्थापन नहीं हुआ।

आनुवंशिकी साक्ष्य - रक्त की गवाही

अब हम देखते हैं कि आधुनिक आनुवंशिकी विज्ञान क्या कहता है। पिछले बीस वर्षों में, आनुवंशिकी विज्ञान ने बहुत प्रगति की है। अब हम लोगों के आनुवंशिक घटकों का विश्लेषण कर सकते हैं और यह जान सकते हैं कि उनके पूर्वज कहां से आए थे।

भारतीय लोगों पर कई बड़े अध्ययन हुए हैं। सबसे प्रसिद्ध अध्ययन सन् दो हजार नौ में हार्वर्ड चिकित्सा महाविद्यालय के विद्वानों ने किया। उन्होंने एक सौ बत्तीस विभिन्न भारतीय समूहों से नमूने लिए। इन नमूनों में विभिन्न जातियां, विभिन्न क्षेत्र, विभिन्न भाषाएं बोलने वाले लोग शामिल थे।

इस अध्ययन से जो निष्कर्ष निकला, वह बहुत दिलचस्प था। उन्होंने पाया कि सभी भारतीय दो प्राचीन जनसंख्या समूहों के मिश्रण हैं। इन्हें उन्होंने पूर्वज उत्तर भारतीय और पूर्वज दक्षिण भारतीय का नाम दिया। लेकिन ध्यान दें - ये नाम केवल वैज्ञानिक सुविधा के लिए हैं। इनका कोई नस्लीय अर्थ नहीं है।

महत्वपूर्ण बात यह है कि हर भारतीय में इन दोनों समूहों का मिश्रण है। उत्तर भारतीयों में पूर्वज उत्तर भारतीय घटक अधिक है, लगभग चालीस से साठ प्रतिशत। दक्षिण भारतीयों में पूर्वज दक्षिण भारतीय घटक अधिक है, लगभग साठ से अस्सी प्रतिशत। लेकिन दोनों में दोनों घटक हैं।

इसका क्या अर्थ है? इसका अर्थ यह है कि भारत में दो अलग-अलग नस्लें नहीं हैं। सभी भारतीय मिश्रित हैं। और यह मिश्रण बहुत प्राचीन है।

अध्ययन से पता चला कि यह मिश्रण लगभग चार हजार से दो हजार वर्ष पहले हुआ था। यानी दो हजार ईसा पूर्व

से शून्य ईसवी के बीच। और यह मिश्रण धीमा था, क्रमिक था। कोई अचानक बड़ा परिवर्तन नहीं दिखता।

अगर सन् पंद्रह सौ ईसा पूर्व में लाखों आर्य मध्य एशिया से आए होते, तो आनुवंशिकी में एक स्पष्ट बिंदु दिखना चाहिए था जहां अचानक नया घटक आया। लेकिन ऐसा कुछ नहीं दिखता। जो मिश्रण है, वह धीमा और निरंतर है।

एक और महत्वपूर्ण अध्ययन पुरुष वंश पर हुआ। मनुष्य में गुणसूत्र होते हैं जो माता-पिता से संतान में जाते हैं। लेकिन एक विशेष गुणसूत्र होता है जो केवल पिता से पुत्र को जाता है। इसे वाई गुणसूत्र कहते हैं। इस गुणसूत्र का अध्ययन करके हम पुरुष वंश का पता लगा सकते हैं।

भारतीय पुरुषों के वाई गुणसूत्र का अध्ययन किया गया। निष्कर्ष यह निकला कि भारतीय पुरुष वंश कम से कम पचास हजार वर्ष पुराना है। इसमें विभिन्न प्रकार के वाई गुणसूत्र मिलते हैं, जो अलग-अलग समय में आए।

सबसे प्रचलित प्रकार को एच कहते हैं। यह केवल भारत में पाया जाता है। यह लगभग तीस से चालीस हजार वर्ष पुराना है। इसका अर्थ है कि भारत में एक बहुत प्राचीन पुरुष वंश है जो यहीं का है।

एक और प्रकार को आर वन ए कहते हैं। यह भारत, मध्य एशिया और यूरोप में पाया जाता है। पहले इसे आर्य गुणसूत्र माना जाता था। लेकिन नए अध्ययनों ने दिखाया कि इसकी दो शाखाएं हैं।

एक शाखा मुख्यतः भारत और मध्य एशिया में है। दूसरी शाखा मुख्यतः यूरोप में है। और भारत वाली शाखा अधिक प्राचीन है। इसका अर्थ यह हुआ कि यह गुणसूत्र भारत से बाहर गया, अंदर नहीं आया। या फिर यह इतना प्राचीन है (दस से पंद्रह हजार वर्ष पुराना) कि आर्य आगमन से इसका कोई संबंध नहीं है।

सबसे महत्वपूर्ण साक्ष्य आया सन् दो हजार उन्नीस में। हरियाणा में राखीगढ़ी नामक स्थान है। यह सिंधु घाटी

सभ्यता का सबसे बड़ा स्थल है। यहां पुरातत्वविदों को एक कब्र मिली जिसमें एक स्त्री का कंकाल था। यह कंकाल लगभग साढ़े चार हजार वर्ष पुराना है - यानी पच्चीस सौ ईसा पूर्व का।

वैज्ञानिकों ने बहुत प्रयास करके इस कंकाल से आनुवंशिक पदार्थ निकाला। यह बहुत कठिन काम था क्योंकि इतने पुराने कंकाल में आनुवंशिक पदार्थ लगभग नष्ट हो जाता है। लेकिन वे सफल रहे।

फिर इस आनुवंशिक पदार्थ का विश्लेषण किया गया। परिणाम चौंकाने वाले थे। इस स्त्री का आनुवंशिक घटक आज के दक्षिण एशियाई लोगों से मिलता था। उसमें पूर्वज उत्तर भारतीय और पूर्वज दक्षिण भारतीय दोनों घटक थे।

लेकिन सबसे महत्वपूर्ण बात - उसमें कोई मध्य एशियाई घटक नहीं था। कोई यूरोपीय घटक नहीं था। यह शुद्ध रूप से दक्षिण एशियाई आनुवंशिकी थी।

इसका क्या अर्थ है? याद रखें, यह कंकाल पच्चीस सौ ईसा पूर्व का है। कथित आर्य आगमन से एक हजार वर्ष पहले का। अगर आर्य पंद्रह सौ ईसा पूर्व में आए होते, तो राखीगढ़ी के बाद के नमूनों में मध्य एशियाई आनुवंशिकी दिखनी चाहिए थी। लेकिन बाद के नमूनों में भी वही दक्षिण एशियाई आनुवंशिकी है।

इसका केवल एक ही निष्कर्ष हो सकता है - सिंधु घाटी सभ्यता के लोग आज के भारतीयों के पूर्वज थे। वे बाहर से नहीं आए थे। और बाद में भी कोई बड़ा बाहरी प्रवासन नहीं हुआ जिसने जनसंख्या की आनुवंशिकी को बदल दिया हो।

तो आनुवंशिकी साक्ष्य भी वही कहता है जो पुरातत्व और भाषाविज्ञान कहते हैं - भारत में कोई बड़ा आर्य आक्रमण या प्रवासन नहीं हुआ।

बरेली का भविष्य - आगे क्या होगा

अब तक हमने इतिहास देखा। लेकिन इतिहास केवल अतीत के बारे में नहीं है। यह भविष्य को समझने की कुंजी भी है। जो पैटर्न अतीत में दिखते हैं, वे भविष्य में भी दोहराए जा सकते हैं।

हमने देखा कि मानव इतिहास में लोग हमेशा चलते रहे हैं। छोटे-छोटे समूहों में प्रवासन होता रहा है। संस्कृतियां मिलती रही हैं। नई पहचानें बनती रही हैं। यह प्रक्रिया भविष्य में भी जारी रहेगी।

बरेली का भविष्य क्या होगा? क्या यहां भी लोग आते-जाते रहेंगे? क्या संस्कृति बदलती रहेगी?

निश्चित रूप से। आज भी बरेली में लोग बाहर से आकर बस रहे हैं। कुछ लोग रोजगार के लिए आते हैं। कुछ शिक्षा के लिए। कुछ व्यापार के लिए। वे यहां बसते हैं, स्थानीय

लोगों से विवाह करते हैं, स्थानीय संस्कृति अपनाते हैं। कुछ पीढ़ियों में, वे पूरी तरह बरेलीवासी बन जाते हैं।

इसी तरह, बरेली के लोग भी बाहर जा रहे हैं। दिल्ली, मुंबई, बंगलुरु - देश के विभिन्न शहरों में। कुछ विदेश भी जा रहे हैं। वे वहां बसते हैं, वहां की संस्कृति अपनाते हैं, वहां के लोगों से विवाह करते हैं।

यह प्रवासन का निरंतर प्रवाह है। यह स्वाभाविक है। यह स्वस्थ भी है।

लेकिन इसका यह अर्थ नहीं कि बरेली की पहचान खो जाएगी। बरेली की अपनी विशिष्ट संस्कृति है। यहां की भाषा, यहां का खान-पान, यहां के रीति-रिवाज - ये सब बरेली को विशिष्ट बनाते हैं। और ये चीजें बनी रहेंगी, भले ही लोग आते-जाते रहें।

आने वाले सौ वर्षों में बरेली कैसी होगी? शायद और बड़ी होगी। शायद अधिक विविध होगी। शायद यहां विभिन्न क्षेत्रों, विभिन्न धर्मों, विभिन्न भाषाओं के लोग होंगे।

लेकिन वे सब मिलकर एक नई बरेली बनाएंगे। एक ऐसी बरेली जो परंपरा और आधुनिकता दोनों को समेटे होगी।

हजार वर्षों में क्या होगा? कौन जानता है। लेकिन इतिहास से सबक यह है कि परिवर्तन निश्चित है। लेकिन यह परिवर्तन विनाशकारी नहीं होना चाहिए। यह रचनात्मक होना चाहिए। पुराने को नष्ट करके नहीं, बल्कि पुराने में नए को मिलाकर।

बरेली ने यह हमेशा किया है। दो हजार वर्ष पहले भी, जब वैदिक संस्कृति आई, तो यहां के लोगों ने उसे पूरी तरह अपना नहीं लिया। उन्होंने अपनी पुरानी परंपराओं को भी बचाए रखा। और दोनों का एक सुंदर मिश्रण बनाया।

फिर जब बौद्ध धर्म आया, तो उसे भी अपनाया। लेकिन पूरी तरह नहीं। कुछ लोग बौद्ध बने, कुछ वैदिक धर्म में रहे। और दोनों साथ-साथ रहे।

फिर जब इस्लाम आया, तो कुछ लोगों ने उसे अपनाया। लेकिन सभी ने नहीं। और हिंदू और मुसलमान दोनों ने

मिलकर एक नई मिश्रित संस्कृति बनाई। आज भी बरेली में हिंदू-मुस्लिम सांझी संस्कृति देखने को मिलती है।

यही बरेली की विशेषता है। यहां परिवर्तन को स्वीकार किया जाता है, लेकिन परंपरा को भी बचाया जाता है। यह संतुलन बरेली को जीवंत रखता है।

भविष्य में भी यही होना चाहिए। नए विचारों का स्वागत करें। नई तकनीकों को अपनाएं। नए लोगों को अपने बीच स्थान दें। लेकिन अपनी जड़ों को मत भूलें। अपनी भाषा, अपनी संस्कृति, अपनी परंपराओं को बचाएं।

भाग 4: निष्कर्ष - सत्य की पुनर्स्थापना

मुख्य निष्कर्ष

अब हम इस लंबी यात्रा के अंत में आए हैं। हमने बहुत साक्ष्य देखे, बहुत तर्क सुने। अब समय है निष्कर्ष निकालने का।

पहला और सबसे महत्वपूर्ण निष्कर्ष - आर्य आक्रमण सिद्धांत गलत है। कोई बड़ा आक्रमण नहीं हुआ। कोई बड़ा प्रवासन नहीं हुआ। यह सिद्धांत औपनिवेशिक काल में राजनीतिक उद्देश्यों से फैलाया गया था।

पुरातत्व इसे साबित करता है। बरेली और आसपास के क्षेत्र में कोई युद्ध, विनाश या अचानक परिवर्तन के निशान नहीं मिलते। जो दिखता है वह है धीमा, शांतिपूर्ण सांस्कृतिक विकास।

आनुवंशिकी इसे साबित करती है। भारतीय लोगों में कोई अचानक बाहरी आनुवंशिक घटक नहीं आया। जो मिश्रण है, वह बहुत प्राचीन और धीमा है।

भाषाविज्ञान इसे साबित करता है। संस्कृत सबसे जटिल और विकसित भाषा है, जो दर्शाता है कि यह सबसे प्राचीन है। और वेदों में भारत की नदियों, पर्वतों का वर्णन है, बाहर के नहीं।

दूसरा निष्कर्ष - आर्य यहीं के थे। वे बाहर से नहीं आए। बरेली के लोग, सिंधु घाटी के लोग, गंगा घाटी के लोग - ये सब यहीं के थे। उन्होंने ही वैदिक संस्कृति विकसित की। उन्होंने ही संस्कृत भाषा को परिष्कृत किया। उन्होंने ही वेदों की रचना की।

यह कोई आयातित संस्कृति नहीं थी। यह हमारी अपनी, मौलिक संस्कृति थी।

तीसरा निष्कर्ष - आर्य एक नस्ल नहीं, एक संस्कृति थी। जो लोग संस्कृत बोलते थे, वैदिक धर्म मानते थे, वैदिक जीवनशैली जीते थे - वे आर्य कहलाते थे। कोई भी व्यक्ति इन चीजों को अपनाकर आर्य बन सकता था। यह जन्म से नहीं, आचरण से निर्धारित होता था।

चौथा निष्कर्ष - प्रवासन मानव स्वभाव है। लोग हमेशा आते-जाते रहे हैं। छोटे-छोटे समूहों में। यह स्वाभाविक है। लेकिन इसका अर्थ बड़े आक्रमण या विस्थापन नहीं है।

यह सांस्कृतिक आदान-प्रदान है जो समाज को समृद्ध करता है।

पांचवां निष्कर्ष - इतिहास को सही ढंग से समझना महत्वपूर्ण है। गलत इतिहास हमारी पहचान को कमजोर करता है। सही इतिहास हमें मजबूत बनाता है। हमें गर्व देता है। हमें भविष्य बनाने की प्रेरणा देता है।

क्यों यह महत्वपूर्ण है

कुछ लोग पूछ सकते हैं - इतिहास की इन बारीकियों से क्या फर्क पड़ता है? आर्य बाहर से आए या यहीं के थे, इससे आज हमें क्या लेना-देना?

यह प्रश्न महत्वपूर्ण है। और इसका उत्तर भी महत्वपूर्ण है।

इतिहास केवल अतीत की कहानियां नहीं है। इतिहास हमारी पहचान का आधार है। जो हम आज हैं, वह इसलिए हैं क्योंकि हमारा एक इतिहास है। हमारी जड़ें हैं। हमारी परंपराएं हैं।

अगर हमें यह सिखाया जाए कि हमारी संस्कृति बाहर से आई है, कि हमारी भाषा आयातित है, कि हमारे पूर्वज विदेशी थे - तो यह हमारी पहचान को कमजोर करता है। हम अपनी ही भूमि पर बाहरी महसूस करने लगते हैं।

लेकिन जब हम जानते हैं कि हमारी संस्कृति हमारी अपनी है, हमारी भाषा हमारी अपनी है, हमारे पूर्वज यहीं के थे - तो यह हमें मजबूती देता है। यह हमें गर्व देता है। यह हमें अपनी परंपराओं को बचाने और आगे बढ़ाने की प्रेरणा देता है।

यह विशेष रूप से महत्वपूर्ण है जब हम अपने क्षेत्र, बरेली के इतिहास की बात कर रहे हैं। बरेली केवल एक छोटा शहर नहीं है। यह एक प्राचीन सभ्यता का केंद्र है। अहिच्छत्र, जो यहां से मात्र चालीस किलोमीटर दूर है, हजारों वर्षों से महत्वपूर्ण नगर रहा है।

महाभारत काल में यह पांचाल राज्य की राजधानी था। द्रौपदी यहीं की राजकुमारी थीं। बाद में यह बौद्ध धर्म का

एक प्रमुख केंद्र बना। फिर हिंदू धर्म के पुनरुत्थान का साक्षी बना। फिर इस्लाम के आगमन को देखा। फिर रोहिल्ला काल में यह रोहिलखंड की राजधानी का हिस्सा था। फिर अंग्रेजों से स्वतंत्रता संग्राम में महत्वपूर्ण भूमिका निभाई।

यह समृद्ध इतिहास है। यह गर्व का इतिहास है। और यह इतिहास हमारा अपना है। यह बाहर से थोपा गया नहीं है।

जब बरेली के युवा यह जानते हैं कि उनके पूर्वज हजारों वर्षों से इस भूमि पर हैं, कि उन्होंने इस भूमि पर महान सभ्यता बनाई, कि यहां की मिट्टी में उनके पूर्वजों का पसीना और खून है - तो यह उन्हें प्रेरणा देता है। यह उन्हें जिम्मेदारी का एहसास दिलाता है।

वे समझते हैं कि उन्हें इस विरासत को आगे बढ़ाना है। उन्हें अपने पूर्वजों के योग्य साबित होना है। उन्हें बरेली को फिर से गौरवशाली बनाना है।

यही इतिहास की शक्ति है। सही इतिहास प्रेरणा देता है। गलत इतिहास कमजोर करता है।

शोध की दिशा

यह अध्याय एक शुरुआत है। बरेली के इतिहास पर और बहुत शोध की आवश्यकता है। अहिच्छत्र में और खुदाई होनी चाहिए। रामगंगा के किनारे जो टीले हैं, उनकी खुदाई होनी चाहिए। स्थानीय लोककथाओं, गीतों, परंपराओं का संग्रह होना चाहिए।

बरेली के आसपास के गांवों में अभी भी बहुत पुरानी परंपराएं जीवित हैं। बुजुर्ग लोग पुरानी कहानियां जानते हैं। पुराने मंदिर, मस्जिद, मकबरे - सबकी अपनी कहानियां हैं। इन्हें संग्रहित किया जाना चाहिए, नहीं तो ये खो जाएंगी।

स्थानीय भाषा, बरेली की हिंदी की विशेषताओं का अध्ययन होना चाहिए। इसमें कई पुराने शब्द हैं जो शायद संस्कृत

या प्राकृत से सीधे आए हैं। इनका अध्ययन भाषा के इतिहास को समझने में मदद करेगा।

स्थानीय भोजन, वस्त्र, रीति-रिवाजों का दस्तावेजीकरण होना चाहिए। ये सब संस्कृति के महत्वपूर्ण अंग हैं।

और सबसे महत्वपूर्ण - युवाओं को इस शोध में शामिल किया जाना चाहिए। उन्हें प्रोत्साहित किया जाना चाहिए कि वे अपने इतिहास को जानें, उस पर शोध करें, उसे संरक्षित करें।

विश्वविद्यालयों में बरेली के इतिहास पर विशेष पाठ्यक्रम होने चाहिए। शोध छात्रवृत्तियां होनी चाहिए। स्थानीय इतिहास की पुस्तकें प्रकाशित होनी चाहिए।

केवल तभी हम अपने इतिहास को पूरी तरह समझ पाएंगे। केवल तभी हम अपनी पहचान को मजबूत कर पाएंगे।

अंतिम विचार

इस अध्याय को समाप्त करते हुए, मैं कुछ अंतिम विचार साझा करना चाहता हूं।

इतिहास कभी काला-सफेद नहीं होता। यह जटिल होता है। विभिन्न दृष्टिकोण होते हैं। विभिन्न व्याख्याएं संभव हैं। लेकिन साक्ष्यों का सम्मान करना चाहिए। तथ्यों को तोड़-मरोड़ नहीं करना चाहिए।

आर्य प्रश्न पर मैंने जो निष्कर्ष प्रस्तुत किए हैं, वे साक्ष्यों पर आधारित हैं। कुछ लोग असहमत हो सकते हैं। यह उनका अधिकार है। लेकिन असहमति तर्क और साक्ष्य के आधार पर होनी चाहिए, भावना के आधार पर नहीं।

मैं यह नहीं कह रहा कि बरेली या भारत की संस्कृति शुद्ध है, बाहरी प्रभावों से मुक्त है। नहीं, ऐसा नहीं है। हर संस्कृति में बाहरी प्रभाव होते हैं। यह स्वाभाविक है। यह अच्छा भी है।

लेकिन बाहरी प्रभाव और बाहरी आक्रमण में फर्क है। बाहरी प्रभाव वह है जब लोग आते-जाते हैं, विचारों का आदान-प्रदान होता है, संस्कृतियां मिलती हैं। यह शांतिपूर्ण है, स्वैच्छिक है।

बाहरी आक्रमण वह है जब एक पूरी नई नस्ल आती है, स्थानीय लोगों को हराती है या विस्थापित करती है, अपनी संस्कृति थोपती है। यह हिंसक है, जबरन है।

भारत में पहला हुआ, दूसरा नहीं। छोटे-छोटे समूहों में लोग आते-जाते रहे। विचारों का आदान-प्रदान होता रहा। संस्कृतियां मिलती रही हीं। लेकिन कोई बड़ा आक्रमण या विस्थापन नहीं हुआ।

और यही बरेली की विशेषता है। यहां हमेशा विविधता रही है। हमेशा विभिन्न संस्कृतियों का संगम रहा है। लेकिन यह संगम शांतिपूर्ण रहा है। किसी ने किसी को मिटाया नहीं। सब मिलकर एक नई, समृद्ध संस्कृति बनाई।

आज भी बरेली में हिंदू, मुसलमान, सिख, ईसाई - सब साथ रहते हैं। विभिन्न जातियां हैं, विभिन्न भाषाएं हैं। लेकिन सब मिलकर एक बरेली बनाते हैं।

यही हमारी ताकत है। यही हमारी विरासत है। और यही हमारा भविष्य भी होना चाहिए।

विविधता को स्वीकार करें। लेकिन एकता को भी बनाए रखें। नए विचारों का स्वागत करें। लेकिन पुरानी परंपराओं को भी संजोएं। आधुनिक बनें। लेकिन अपनी जड़ों को मत भूलें।

यही संदेश है जो बरेली का इतिहास हमें देता है। और यही संदेश है जो मैं इस अध्याय के माध्यम से आप तक पहुंचाना चाहता हूं।

परिशिष्ट: महत्वपूर्ण तिथियां और घटनाएं

काल क्रम

साढ़े चार करोड़ वर्ष पूर्व से दो करोड़ वर्ष पूर्व तक: हिमालय का निर्माण। भारतीय भूखंड और यूरेशियाई भूखंड का टकराव। टेथिस सागर का लुप्त होना। गंगा के मैदान का निर्माण आरंभ।

दस लाख वर्ष पूर्व से दो लाख वर्ष पूर्व तक: गंगा का मैदान पूर्ण रूप से तैयार। बरेली की भूमि का वर्तमान स्वरूप। रामगंगा नदी का मार्ग स्थापित।

दो लाख वर्ष पूर्व: आदिमानव का अफ्रीका में जन्म।

पैंसठ हजार वर्ष पूर्व: आदिमानव का अफ्रीका से बाहर प्रवासन। मध्य पूर्व की ओर गमन।

पचपन से पचास हजार वर्ष पूर्व: भारत में मानव का आगमन। प्रथम बस्तियां।

चालीस से तीस हजार वर्ष पूर्व: उत्तर भारत में मानव बस्तियों का विस्तार। संभवतः बरेली क्षेत्र में प्रथम मानव।

दस हजार वर्ष पूर्व: नवपाषाण क्रांति। कृषि का आरंभ। स्थायी बस्तियों का निर्माण।

छह हजार से चार हजार वर्ष पूर्व: सरस्वती नदी अपने चरम पर। इसके किनारे बस्तियों का विकास।

तीन हजार दो सौ से दो हजार छह सौ वर्ष पूर्व: सिंधु घाटी सभ्यता का परिपक्व काल। सरस्वती-सिंधु सभ्यता की समृद्धि।

दो हजार वर्ष पूर्व: बरेली क्षेत्र में गेरुआ वर्णी मृद्भांड संस्कृति। तांबा युग। कृषि और पशुपालन।

उन्नीस सौ वर्ष पूर्व: सरस्वती नदी का सूखना। सिंधु घाटी सभ्यता का क्रमिक पतन।

पंद्रह सौ से एक हजार वर्ष पूर्व: बरेली में चित्रित धूसर मृद्भांड संस्कृति। वैदिक संस्कृति का विकास। लोहे का प्रारंभिक उपयोग।

एक हजार से छह सौ वर्ष पूर्व: उत्तरी काली चमकदार मृद्भांड संस्कृति। महाजनपद काल। अहिच्छत्र का उत्कर्ष। पांचाल राज्य की स्थापना।

आठ सौ से पांच सौ वर्ष पूर्व: महाभारत काल (संभावित)। द्रौपदी का जन्म पांचाल में। महाभारत युद्ध।

छह सौ से तीन सौ वर्ष पूर्व: बौद्ध धर्म का उदय और प्रसार। अहिच्छत्र एक प्रमुख बौद्ध केंद्र बना।

तीन सौ वर्ष पूर्व से पांच सौ ईसवी: गुप्त काल। हिंदू धर्म का पुनरुत्थान। अहिच्छत्र में भव्य मंदिरों का निर्माण।

पांच सौ से बारह सौ ईसवी: विभिन्न स्थानीय राजवंशों का शासन। हिंदू संस्कृति का स्वर्ण काल।

बारह सौ से पंद्रह सौ ईसवी: दिल्ली सल्तनत का विस्तार। इस्लाम का आगमन। धीरे-धीरे मुस्लिम आबादी में वृद्धि।

पंद्रह सौ छब्बीस से सत्रह सौ सड़सठ: मुगल काल। अकबर की सहिष्णुता। हिंदू-मुस्लिम सांझी संस्कृति का विकास।

सत्रह सौ चालीस से सत्रह सौ चौहत्तर: रोहिल्ला काल। अली मुहम्मद खान और हाफ़िज़ रहमत खान का शासन। रोहिलखंड की राजधानी। बरेली का स्वर्णिम काल।

सत्रह सौ चौहत्तर: रोहिल्लों की पराजय। अवध के नवाब का अधिकार।

आठ सौ एक: अंग्रेजों का आगमन। पूर्वी भारत कंपनी का शासन।

अठारह सौ सत्तावन: प्रथम स्वतंत्रता संग्राम। खान बहादुर खान का नेतृत्व। बरेली में भीषण युद्ध। अंततः अंग्रेजों की विजय।

अठारह सौ सत्तावन से उन्नीस सौ सैंतालीस: अंग्रेज़ी राज। आर्य आक्रमण सिद्धांत का प्रचार। फूट डालो और राज करो की नीति।

उन्नीस सौ सैंतालीस: स्वतंत्रता। नए भारत में बरेली।

उन्नीस सौ सैंतालीस से वर्तमान: आधुनिक बरेली का विकास। शिक्षा, उद्योग, व्यापार का विस्तार।

महत्वपूर्ण स्थल

अहिच्छत्र: बरेली से चालीस किलोमीटर। प्राचीन पांचाल की राजधानी। महाभारत काल में द्रौपदी का जन्मस्थान। बौद्ध धर्म का प्रमुख केंद्र। व्यापक पुरातात्विक खुदाई। विभिन्न कालों की परतें।

पांचाल संग्रहालय: रोहिलखंड विश्वविद्यालय, बरेली। जीवाश्मों का संग्रह। प्रागैतिहासिक औजार। विभिन्न युगों के मृद्भांड। सिक्के, मुहरें, अन्य पुरातात्विक निधियां।

रामगंगा नदी: हिमालय से निकलकर बरेली के पास से बहने वाली। प्राचीन काल से महत्वपूर्ण। इसके किनारे अनेक बस्तियां। आज भी पुरातात्विक महत्व।

विभिन्न टीले: बरेली और आसपास के क्षेत्र में अनेक टीले जो प्राचीन बस्तियों के अवशेष हैं। इनकी खुदाई अभी बाकी है।

उपसंहार

इस अध्याय में हमने आर्यों के बारे में विस्तृत चर्चा की। हमने देखा कि औपनिवेशिक काल में फैलाया गया आर्य आक्रमण सिद्धांत कैसे गलत है। हमने पुरातात्विक, भाषाई और आनुवंशिक साक्ष्यों को देखा जो दर्शाते हैं कि आर्य यहीं के थे, बाहर से नहीं आए।

हमने समझा कि आर्य एक सांस्कृतिक और भाषाई पहचान थी, कोई नस्ल नहीं। हमने देखा कि बरेली में सांस्कृतिक

परिवर्तन कैसे हुआ - शांतिपूर्वक, धीरे-धीरे, स्थानीय लोगों द्वारा नई संस्कृति को अपनाकर।

हमने यह भी समझा कि प्रवासन मानव स्वभाव है। लोग हमेशा आते-जाते रहे हैं। लेकिन यह छोटे समूहों में होता है, बड़े आक्रमण के रूप में नहीं।

और अंत में, हमने देखा कि सही इतिहास को जानना क्यों महत्वपूर्ण है। यह हमारी पहचान को मजबूत करता है, हमें गर्व देता है, और हमें भविष्य बनाने की प्रेरणा देता है।

बरेली का इतिहास हजारों वर्षों पुराना है। यह गौरवशाली इतिहास है। यह हमारा अपना इतिहास है। और यह इतिहास हमें सिखाता है कि विविधता में एकता संभव है, परिवर्तन और परंपरा दोनों साथ-साथ चल सकते हैं, और एक समृद्ध भविष्य बनाने के लिए हमें अपनी जड़ों को मजबूत रखना होगा।

यही संदेश है जो मैं इस अध्याय के माध्यम से देना चाहता था। आशा है कि यह अध्याय आपको प्रेरणा देगा, आपकी जिज्ञासा जगाएगा, और आपको अपने इतिहास को जानने और संरक्षित करने के लिए प्रोत्साहित करेगा।

अध्याय 3 पांचाल राज्य

यात्रा की तैयारी

पूर्व के अध्यायों में आपने पढ़ा कि किस प्रकार लाखों वर्ष पूर्व बरेली की इस धरती पर विशाल टेथिस सागर अपनी उत्ताल तरंगों के साथ हिलोरें मारता था। उस समय यहाँ जल ही जल था, समुद्री जीवों की अनगिनत प्रजातियाँ इन गहरे नीले पानी में विचरण करती थीं। फिर भूगर्भीय इतिहास में एक ऐसा क्रांतिकारी परिवर्तन आया जिसने सम्पूर्ण भूमंडल का नक्शा ही बदल दिया। भारतीय टेक्टोनिक प्लेट, जो कभी अफ्रीका महाद्वीप का अभिन्न अंग थी, धीरे-धीरे उससे अलग होना शुरू हुई। करोड़ों वर्षों की इस लंबी यात्रा में यह विशाल भूखंड समुद्र में तैरता हुआ उत्तर की ओर बढ़ता रहा।

और फिर आया वह ऐतिहासिक क्षण जब यह भारतीय प्लेट यूरेशिया की विशाल प्लेट से जा टकराई। यह टकराव कोई साधारण घटना नहीं थी - यह प्रकृति का सबसे

विस्मयकारी और शक्तिशाली प्रदर्शन था। जबरदस्त धमाके के साथ, अकल्पनीय दबाव के कारण दोनों तरफ की धरती ऊपर की ओर उठने लगी। पृथ्वी की परतें मुड़ीं, टूटीं, और ऊपर उठती चली गईं। इस महाकाय भूगर्भीय प्रक्रिया से विश्व की सबसे ऊँची पर्वत श्रृंखला - हिमालय का जन्म हुआ। ये पर्वत आज भी प्रतिवर्ष कुछ सेंटीमीटर ऊपर उठ रहे हैं, जो इस प्रक्रिया की निरंतरता को दर्शाता है।

फिर इन नवनिर्मित पर्वतों पर बर्फ पड़नी शुरू हुई। हजारों वर्षों में बर्फ की मोटी चादर ने इन चोटियों को ढक लिया। जब मौसम बदला, जलवायु परिवर्तित हुई, तो यह बर्फ पिघलने लगी और असंख्य नदियों का निर्माण हुआ। गंगा, यमुना, रामगंगा और अन्य सैकड़ों नदियाँ हिमालय की गोद से निकलकर मैदानों की ओर बहने लगीं। इन नदियों के साथ बहकर आई हिमालय की उपजाऊ मिट्टी ने विशाल और समृद्ध मैदान बनाए। यह मिट्टी खनिजों से भरपूर थी, जिसने इस क्षेत्र को अत्यंत उर्वर बना दिया। और इसी

उपजाऊ धरती पर मानव सभ्यता के प्रथम अंकुर फूटे, विकसित हुए और फले-फूले।

और यह सब कुछ यहीं बरेली में, इसी पावन धरती पर घटित हो रहा था। पुरातात्विक खुदाई में मिले पाषाण युग के हथियार, औजार और अन्य ठोस प्रमाण इस बात की पुष्टि करते हैं। उसके पश्चात सबसे महत्वपूर्ण और विवादास्पद अध्याय आर्यों के इतिहास पर केंद्रित था। इस अध्याय में विस्तार से यह प्रमाणित किया गया कि आर्य कहीं बाहर से आए हुए आक्रामक या आक्रमणकारी नहीं थे, वरन यहीं की इस पावन भूमि के मूल निवासी थे। इसका सिलसिलेवार, चरणबद्ध विवरण प्रस्तुत किया गया है और प्रत्येक तर्क के पीछे वैज्ञानिक आधार, पुरातात्विक साक्ष्य और DNA अध्ययन को प्रस्तुत करने का गंभीर प्रयास किया गया है।

यह विषय अत्यंत विवादास्पद और संवेदनशील रहा है। इतिहासकारों के विभिन्न गुट इस पर परस्पर विरोधी मत

रखते हैं। परंतु मैंने इस जटिल और संवेदनशील विषय पर लिखने का साहस किया, क्योंकि मेरा दृढ़ विश्वास है कि अपनी वास्तविक विरासत को पहचानना, उसे समझना और उस पर गर्व करना अत्यंत आवश्यक है। यह बताना और सिद्ध करना आवश्यक है कि हमारी नस्ल, हमारा वंश उच्च श्रेणी का है। हम कहीं बाहर से आए हुए आक्रमणकारी या घुसपैठिए नहीं हैं। हम इसी पवित्र धरती के मूल निवासी हैं, इसी मिट्टी की संतान हैं। हम उच्च बुद्धि वाले और वैज्ञानिक सोच के धनी मनुष्य हैं।

हमारे पूर्वजों ने गणित, खगोल विज्ञान, आयुर्वेद, धातु विज्ञान, वास्तुकला और दर्शन के क्षेत्र में हजारों महत्वपूर्ण आविष्कार किए हैं। शून्य की खोज से लेकर दशमलव प्रणाली तक, प्लास्टिक सर्जरी से लेकर इस्पात निर्माण की उन्नत तकनीक तक - सब कुछ हमारी देन है। हम यूरोप के उस भ्रामक और दुर्भावनापूर्ण प्रोपेगंडा को पूर्णतः नकारते हैं जो हमें हीन और पिछड़ा साबित करने के लिए

रचा गया था। उनके हमें नीचे दिखाने के सुनियोजित प्रयासों को हम ठोस वैज्ञानिक आधार, पुरातात्विक प्रमाण और तार्किक विश्लेषण के साथ मिट्टी में दबा देते हैं। आज भी हम भारतीय अत्यंत उन्नत तरीकों से नैनो तकनीक, अंतरिक्ष विज्ञान, और अत्याधुनिक शोध विकसित कर रहे हैं।

मेरे इस साहसिक और क्रांतिकारी लेखन से संभवतः मुझे अनेक रूढ़िवादी इतिहासकारों का कोप और क्रोध झेलना पड़ सकता है। मुझे खारिज करने के उद्देश्य से शायद वे मेरे शोध और खोज का उपहास भी बनाएं, मेरी साख को नुकसान पहुँचाने का प्रयास करें। परंतु मेरी ठोस खोजों को, मेरे प्रमाणों को वे कहाँ ले जाएँगे? सत्य को कब तक दबाया जा सकता है? किसी न किसी दिन, निकट या दूर के भविष्य में, उन्हें मेरी बात माननी पड़ेगी, मेरे तर्कों को स्वीकार करना पड़ेगा।

अब मैं आपको लिए चलता हूँ अगले रोमांचक अध्याय की ओर। यह अध्याय अत्यंत रोमांचक, रोमांचित करने वाला और जिज्ञासा जगाने वाला होने जा रहा है। दरअसल एमजेपी रुहेलखंड विश्वविद्यालय के पांचाल संग्रहालय में सावधानीपूर्वक संरक्षित रखे गए दुर्लभ पुरातात्विक अवशेषों को गहनता से देखकर, उन्हें छूकर, उनका निरीक्षण करके, और वहाँ के अत्यंत जानकार और समर्पित क्यूरेटर श्री राजीव यादव जी से विस्तृत और सारगर्भित बातचीत करके, तथा इतिहास विभाग की विद्वान प्रोफेसर डॉ. प्रिया जी से गहन चर्चा करके मेरा जुनून और भी अधिक तीव्र हो गया, मेरी जिज्ञासा और बढ़ गई।

और फिर मैंने निश्चय किया कि दिनांक 11 जनवरी को मैं अपनी सहधर्मिणी डॉ. मनीषा बिंदल और भाई के प्यारे बच्चों लक्ष्य व ग्रेसी के साथ अहिच्छत्र के सफर पर निकल पड़ूँगा। हमने अपनी यात्रा की तैयारी बड़ी सावधानी और उत्साह के साथ की। कैमरे पूरी तरह चार्ज किए, ताकि

एक भी महत्वपूर्ण पल छूटे न। पावर बैंक रखा ताकि बीच में बैटरी खत्म होने की समस्या न आए। एक मोटी डायरी ली जिसमें सभी अवलोकन और विचार लिखे जा सकें। चार पेन रखे - काले, नीले और अलग-अलग रंगों के। मापने के लिए मेजरिंग टेप रखा ताकि संरचनाओं के सटीक आयाम नोट किए जा सकें। बैठने और आराम करने के लिए साफ चादर रखी।

भोजन की व्यवस्था के लिए घर पर ही ताजा आलू के स्वादिष्ट पराठे बनाए और कुछ चिप्स के पैकेट रखे। पानी की चार बोतलें रखीं क्योंकि वहाँ पीने के पानी की व्यवस्था संदिग्ध थी। और इस प्रकार हम रवाना हुए एक आध्यात्मिक, ऐतिहासिक और अन्वेषणात्मक टूर पर, जो हमें पुरातात्विक अवशेषों का गहन अध्ययन करने का अनमोल अवसर देगी, जो अहिच्छत्र के प्राचीन किले को नई दृष्टि से, नए कोण से, नए परिप्रेक्ष्य में देखने और समझने का सुनहरा मौका प्रदान करेगी।

यह यात्रा इसलिए भी अत्यंत आवश्यक थी क्योंकि मेरा दृढ़ मत है कि कोई भी गंभीर और प्रामाणिक पुस्तक लिखने से पूर्व उस क्षेत्र का स्वयं जाकर, अपनी आँखों से देखकर, वहाँ की मिट्टी को छूकर, वहाँ की हवा में साँस लेकर, सही और यथार्थ दृष्टिकोण पेश करना अनिवार्य है। किसी अन्य की लिखी हुई शोध-पत्र या पुस्तक से आप मार्गदर्शन और सहायता तो अवश्य ले सकते हैं, परंतु यदि उसमें कोई नवीन बात नहीं है, कोई मौलिक खोज नहीं है, तो आपका उसमें कोई वास्तविक योगदान नहीं माना जाएगा।

तो हम अपनी कार में लगभग दोपहर 2 बजे बरेली से निकले। रास्ता आंवला होकर, फिर रामनगर होते हुए था। लगभग एक घंटे की यात्रा के बाद हम पहुँच गए अहिच्छत्र के ऐतिहासिक किले पर। आज से लगभग 10 वर्ष पूर्व जब मैं यहाँ पहली बार आया था, तब दृश्य बिल्कुल भिन्न था। काफी कुछ बदल गया था इन दस वर्षों में।

पहली बार जब मैं यहाँ आया था तब किले पर ऊपर जाने के लिए अत्यंत कच्ची, उबड़-खाबड़ और खतरनाक रास्ता हुआ करता था। उस रास्ते में अनगिनत गड्ढे थे और तमाम कच्ची-पक्की ईंटें बिखरी पड़ी रहती थीं। ये ईंटें कार के पहियों में आकर वाहन का संतुलन बिगाड़ देती थीं और टायरों को भी क्षति पहुँचाती थीं। गड्ढों में बरसात का पानी भरा रहता था जिससे रोड की सतह बिल्कुल नजर नहीं आती थी। कार को पहाड़ी रास्ते पर ले जाने में फिसलने का गंभीर खतरा बना रहता था। यदि कोई अन्य वाहन सामने से आ जाए तो रास्ता देना अत्यंत कठिन हो जाता था क्योंकि रास्ता इतना संकरा था।

परंतु आज परिदृश्य पूरी तरह बदला हुआ है। सरकार ने वहाँ पर मजबूत पक्की सीमेंट की सड़क बनवा दी है। सड़क की चौड़ाई अपेक्षाकृत कम है परंतु कारें अब आराम से और सुरक्षित रूप से ऊपर तक पहुँच सकती हैं। इससे यात्रा का वह पुराना रोमांच और खतरे का रोमांच थोड़ा

कम अवश्य हुआ, परंतु क्षेत्र का विकास देखकर और सरकार की इसे भविष्य में एक महत्वपूर्ण ऐतिहासिक पर्यटन स्थल के रूप में विकसित करने की स्पष्ट मंशा देखकर सच में बहुत खुशी हुई।

पक्की सड़क बनने के कारण अब अधिक से अधिक लोग आसानी से यहाँ आ-जा सकेंगे, इस ऐतिहासिक धरोहर को देख सकेंगे। परंतु मेरा मानना है कि कुछ ही समय के बाद, जब यह स्थल पर्यटकों से भर जाएगा, तब इस सड़क पर निजी वाहनों का आना-जाना बंद करना उचित होगा। क्योंकि ऊपर किले के समीप पहुँचकर कार पार्क करने के लिए अत्यंत सीमित स्थान ही उपलब्ध है। यदि एक साथ 10-15 कारें पहुँच गईं तो पार्किंग स्थान की गंभीर कमी पड़ जाएगी और अव्यवस्था फैलेगी।

बेहतर होगा कि नीचे गाँव के क्षेत्र में विशाल पार्किंग सुविधा बनाई जाए और आगे की लगभग 2 किलोमीटर की यात्रा पर्यटक या तो पैदल करें या फिर पर्यावरण के

अनुकूल उच्च किस्म के बैटरी से चलने वाले वाहनों से करें। इस व्यवस्था से न केवल ऐतिहासिक स्थल की सुरक्षा सुनिश्चित होगी बल्कि प्रदूषण भी नियंत्रित रहेगा।

अंदर प्रवेश के लिए मात्र 10 या 20 रुपए प्रति व्यक्ति का प्रवेश शुल्क होना चाहिए। यह राशि नाममात्र होगी परंतु इससे इस पवित्र स्थल की साफ-सफाई, रख-रखाव और संरक्षण का खर्च सुगमता से निकल जाएगा। पैदल यात्रा के दौरान स्थानीय लोगों के लिए आजीविका के साधन भी उत्पन्न होंगे - कुछ लोग स्वादिष्ट चाट-पकौड़े बेच सकेंगे, पानी की बोतलें, चाय, समोसे, और अन्य स्नैक्स बेचने वालों की आमदनी का स्थायी जरिया प्रारंभ हो जाएगा।

जगह-जगह पर स्वच्छ सार्वजनिक शौचालय बनाने की अत्यंत आवश्यकता है। पीने के साफ पानी का उचित प्रबंध भी आवश्यक है। टेराकोटा के सुंदर आभूषण और खुदाई में प्राप्त मृद्भांड तथा खाना पकाने के प्राचीन बर्तनों की

हूबहू प्रतिकृतियाँ (रेप्लिका) स्थानीय कुशल कुम्हारों द्वारा बनाकर बेचने का कार्य पर्यटकों को अत्यधिक आकर्षित करेगा और स्थानीय अर्थव्यवस्था को मजबूती प्रदान करेगा।

इस ऐतिहासिक पुरातात्विक इमारत का आकर्षण इतना प्रबल और चुंबकीय था कि हम लोग तुरंत ही कार से उतर पड़े। मिट्टी भरे कच्चे रास्ते की कोई परवाह किए बगैर, जूतों में मिट्टी लगने की चिंता किए बिना, हम उस दिशा में तेजी से बढ़ गए जिस तरफ एक विशाल, भव्य परंतु जीर्ण-शीर्ण अवस्था में किला अपना लगभग 3000 वर्ष पुराना गौरवशाली इतिहास संजोए गर्व से खड़ा था।

यह वही पवित्र इमारत है जिसे शायद महाराज द्रुपद ने अपने हाथों से छुआ होगा। शायद उनके पुत्र धृष्टद्युम्न यहाँ घूमे होंगे। शायद द्रौपदी यहाँ अपनी सखियों के साथ खेली होंगी, हँसी होंगी। शायद द्रौपदी का वह विश्वविख्यात स्वयंवर इसी स्थल पर आयोजित हुआ होगा, जहाँ अर्जुन

ने अपने अद्भुत धनुर्विद्या कौशल का प्रदर्शन करते हुए मछली की आँख में तीर चलाया था। क्या यह वही स्थान है जहाँ कर्ण अपमानित हुआ था? क्या यहीं द्रौपदी ने अपने वरमाला अर्जुन को पहनाई थी?

इतना ही नहीं, इसके बाद के युगों में भी यह स्थान महत्वपूर्ण रहा। महान मौर्य साम्राज्य के संस्थापक चंद्रगुप्त मौर्य से लेकर गुप्त साम्राज्य के महानतम शासक समुद्रगुप्त तक, फिर उसके पश्चात मुगल बादशाह बाबर से लेकर रोहिल्ला शासक और अंत में अंग्रेजों तक - सभी ने इस पावन भूमि की मिट्टी को चूमा होगा, इस धरती पर कदम रखे होंगे।

आज मैं उस महान, पवित्र और ऐतिहासिक स्थल पर खड़ा हूँ जो न जाने कितने महाराजाओं और महारानियों की कर्मभूमि रही होगी। यहाँ न जाने कितने युद्ध लड़े गए होंगे, कितनी राजनीतिक चालें चली गई होंगी, कितने प्रेम-प्रसंग खिले होंगे। न जाने कितने हजारों, लाखों लोगों के

हाथों ने इस पवित्र स्थल को छुआ होगा। मैं आज उन सभी महान आत्माओं से, उन सभी ऐतिहासिक व्यक्तित्वों से एक गहरा, आध्यात्मिक संबंध इतने करीब से महसूस कर रहा हूँ।

समय और काल की सीमाएँ धुंधली हो गई हैं। मैं अनुभव कर रहा हूँ कि मैं उन्हीं के बीच खड़ा हूँ, उन्हीं की उपस्थिति में हूँ। कितना अद्भुत, कितना रोमांचक और कितना सौभाग्यशाली अनुभव है यह सब का हिस्सा होना। मेरे साथ चल रहे लोग अपने महंगे जूतों को धूल और मिट्टी से बचा-बचाकर सावधानी से चल रहे थे।

परंतु मेरा तो मन हो रहा था कि मैं इस पवित्र धूल में लेट जाऊँ, लोट जाऊँ और चूम लूँ इस पावन धरती को, इस कर्मभूमि को, इस जीवंत इतिहास की अमूल्य धरोहर को। यह धूल साधारण धूल नहीं है - यह हजारों वर्षों के इतिहास की साक्षी है, महान योद्धाओं के पदचिह्नों को संजोए है।

अहिच्छत्र की यात्रा - भवन की वास्तुकला एवं संरचना

हम लोग आगे बढ़े तो देखा सामने कच्ची-पक्की इंटों का एक विशालकाय किला, मंदिर, अपना गौरवशाली इतिहास और वैभव लिए सीना ताने खड़ा था। काल के झपेड़ों ने उसे मिटाने की बहुत कोशिश की पर वो हर मुश्किल को अपने सीने पर झेलता हुआ यूँ ही खड़ा रहा। उसकी इंटें घिस गईं, कहीं-कहीं से टूट गईं पर उसे फिर भी कोई मिटा न सका।

भवन की संरचना और आकार

इसके आकार को जब मैंने ध्यान से देखा तो पाया कि इसमें 10-10 फुट की सॉलिड दीवारें हैं जिन्हें किसी तोप से भी तोड़ना संभव नहीं था। पर उस समय में जब बारूद का आविष्कार नहीं हुआ था, जब तोपें नहीं बनी थीं, तब इतनी ठोस और मजबूत दीवारें बनाने का क्या उद्देश्य

था। ये मेरे कौतुहल का विषय था जो अभी तक अनुत्तरित है।

जब इतिहास में भवनों की संरचनाओं का अध्ययन किया तो पाया यह एक पिरामिड आकार की संरचना है जो मंदिर आदि के लिए प्रयोग में आती थी। इसके बीच में सीढ़ी होती थी जिस पर चढ़कर ऊपर जाया जाता था।

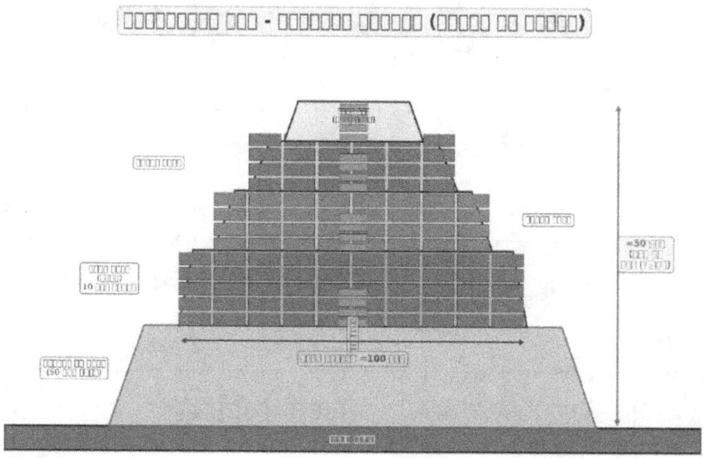

चित्र 2: अहिच्छत्र भवन - पिरामिड संरचना (सामने से दृश्य)*चित्र 2: अहिच्छत्र भवन - पिरामिड संरचना (सामने से दृश्य)*

भवन के नाप-जोख (मापन)

विवरण	**माप**
दीवारों की मोटाई	लगभग 10 फुट (3 मीटर)
टीले की कुल ऊंचाई	लगभग 50 फुट (15 मीटर)
आधार की चौड़ाई	लगभग 100 फुट (30 मीटर)
भवन का आकार	वर्गाकार (चौकोर)
निर्माण सामग्री	कच्ची-पक्की इंटें (जली और धूप में सुखाई हुई)

वास्तुकला शैली	पिरामिड आकार (सोपानी संरचना)
अनुमानित काल	1000 ईसा पूर्व से 500 ईस्वी तक (विभिन्न परतें)

भवन का काट-चित्र (अंदर की संरचना)

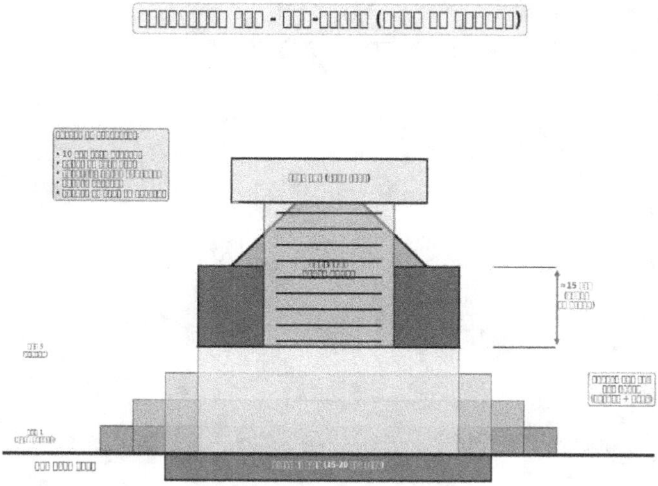

चित्र 3: अहिच्छत्र भवन का काट-चित्र - अंदरूनी संरचना दर्शाता हुआ*चित्र 3: अहिच्छत्र भवन का काट-चित्र - अंदरूनी संरचना दर्शाता हुआ*

यह भवन एक बहुत ऊंचे मिट्टी के टीले पर जाकर लगभग 50 फीट ऊंचा बनाया गया है। टीला सदियों में विभिन्न परतों में जमा हुआ है। भवन के अंदर कमरे मुझे नजर नहीं आए। शायद नहीं रहे होंगे या फिर मिट्टी में दब गए होंगे, या फिर बंद कर दिए गए होंगे।

ऊपर से दृश्य - वर्गाकार संरचना

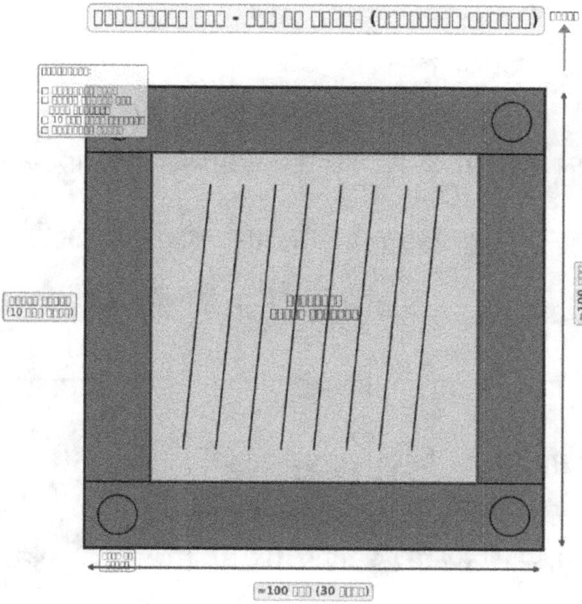

चित्र 4: अहिच्छत्र भवन - ऊपर से दृश्य (वर्गाकार योजना)*चित्र 4: अहिच्छत्र भवन - ऊपर से दृश्य (वर्गाकार योजना)*

भवन का आकार वर्गाकार नजर आया। चारों दिशाओं में समान रूप से बनाया गया है, जो प्राचीन वास्तुशास्त्र के सिद्धांतों के अनुरूप है। केंद्र में सीढ़ियों की व्यवस्था है।

वास्तुकला की विशेषताएं

दरअसल उस समय में ये भवन वैज्ञानिक एवं वास्तुकला के आधार पर बनाई जाती थीं। चारों कोण, वृत्त आदि का पूरा ख्याल रखकर। यह माना जाता था कि इस भवन पर ऊपर जाकर देवताओं की पूजा, यज्ञ करके देवताओं से संपर्क आसानी से किया जा सकता है।

प्रमुख वास्तुशिल्प विशेषताएं:**प्रमुख वास्तुशिल्प विशेषताएं:**

१. सोपानी संरचना (Stepped Structure): पिरामिड की तरह स्तरों में बनाई गई, जैसे-जैसे ऊपर जाएं संरचना संकरी होती जाती है

२. केंद्रीय सीढ़ी व्यवस्था: बीच में सीढ़ियां बनी हुई थीं जो शिखर तक पहुंचने का मार्ग थीं

३. मजबूत नींव: 10 फुट मोटी दीवारें भूकंप और बाढ़ से बचाव के लिए

४. ज्यामितीय सटीकता: चारों दिशाओं का सटीक निर्धारण, वास्तु सिद्धांतों के अनुसार

५. जल निकासी प्रणाली: वर्षा जल के निकास के लिए विशेष व्यवस्था

वर्तमान स्थिति और क्षरण

हवा, बारिश, बाढ़ आदि से इस इमारत की इंटों का जगह-जगह से क्षरण हो चुका है। इंटें अपने स्थान पर तो लगी हैं पर वो घिस गई हैं। जिसके कारण उन पर पूरा पैर रखकर चढ़ना नहीं हो पा रहा है। जगह-जगह लोहे की छोटी-छोटी सीढ़ियां लगा दी गई हैं।

ऊपर पहुंचना कठिन है और खतरों भरा है पर असंभव नहीं है, बस सावधानी से जाना पड़ता है।

समान संरचनाएं

इस तरह की संरचना जयपुर और दिल्ली के भूल-भुलैया में भी देखी जा सकती है। इस तरह के पिरामिड आकार के मंदिर भारत के विभिन्न हिस्सों में पाए जाते हैं, विशेषकर दक्षिण भारत के मंदिरों में। परंतु अहिच्छत्र की यह संरचना उत्तर भारत में इस प्रकार की प्राचीनतम संरचनाओं में से एक है।

तकनीकी विश्लेषण

निर्माण तकनीक:**निर्माण तकनीक:**

१. इंट निर्माण: कच्ची इंटें (धूप में सुखाई गई) और पक्की इंटें (आग में पकाई गई) दोनों का उपयोग

२. गारा (Mortar): मिट्टी और चूने का मिश्रण, कहीं-कहीं पर गुड़ का भी उपयोग

३. नींव: गहरी नींव, संभवतः 15-20 फुट गहरी, बड़े पत्थरों से भरी हुई

४. स्तरीकरण: हर स्तर पर समतल करने के बाद अगला स्तर बनाया गया

५. जल-रोधन: ऊपरी सतह पर जल-रोधक परत, संभवतः लाख या राल का लेप

ऐतिहासिक महत्व

यह संरचना प्राचीन भारतीय वास्तुकला और इंजीनियरिंग का अद्भुत नमूना है। बिना आधुनिक उपकरणों के, केवल मानव बुद्धि और श्रम से इतनी भव्य और मजबूत संरचना का निर्माण प्राचीन भारतीय सभ्यता की उन्नत तकनीकी ज्ञान को दर्शाता है।

अहिच्छत्र बरेली के इतिहास को समझने के लिए एक महत्वपूर्ण स्थल है। यह बताता है कि इस क्षेत्र में हजारों साल पहले एक समृद्ध और उन्नत सभ्यता विकसित थी।

उक्त संरचना का एक काल्पनिक चित्र ये दिखाने के लिए कि उस युग में ये भवन किस प्रकार का दिखता होगा .

युप स्तम्भ - महाभारत की साक्षी

चढ़ाई और पहली झलक

किले के सबसे ऊपर पहुंचने में मेरा दम फूल गया था। दोपहर की गर्मी, ऊपर चढ़ने की थकान, और उम्र के साठ

साल - सब मिलकर मुझे धीमा कर रहे थे। पर जिज्ञासा कहाँ रुकती है! ऊपर क्या है, यह देखने की उत्सुकता में मैं सीढ़ी-दर-सीढ़ी चढ़ता गया।

और जब सबसे ऊपर पहुंचा, तो सामने जो दृश्य था, वह मुझे स्तब्ध कर गया।

वहां एक विशाल पत्थर का स्तम्भ खड़ा था। लगभग बारह-तेरह फुट ऊंचा। मोटा, गोलाकार। उस पर सदियों की मिट्टी और काई जमी हुई थी। पर उसकी भव्यता कम नहीं हुई थी।

मैं पास गया। हाथ बढ़ाकर छुआ। पत्थर खुरदरा था, पर मजबूत। जैसे कह रहा हो - "मैं यहाँ हजारों साल से खड़ा हूँ, और हजारों साल तक खड़ा रहूंगा।"

अहिच्छत्र कहाँ है? |

[अहिच्छत्र]

रामनगर

निर्देशांक: 28.361°N, 79.137°E

समुद्र तल से ऊंचाई: 173 मीटर

पहुंचने का मार्ग:

- बरेली से: NH-530 → आंवला →
- कुल दूरी: 43 किमी (लगभग 1 घंटा)
- निकटतम रेलवे स्टेशन: बरेली जंक्शन

स्थानीय मान्यता - "भीम का गदा"

मेरे साथ मेरे परिवार के लोग थे। मेरी भतीजी ग्रेसी (भव्या) भी। वह पूछने लगी - "ताऊ जी, यह क्या है?"

आस-पास के लोगों ने बताया - "यह भीम का गदा है। महाभारत काल से यहाँ खड़ा है।"

पर मुझे शक था। यह गदा नहीं हो सकता। गदा का आकार अलग होता है। और यह पत्थर का स्तम्भ क्यों होगा?

मैंने रोहिलखंड विश्वविद्यालय की पुरातत्व विभाग की डॉ. प्रिया से पूछा, जो वहाँ मौजूद थीं। वे बोलीं - "यह भीम का गदा नहीं है। यह युप स्तम्भ है।"

"युप स्तम्भ?" मैंने पूछा।

"हां। अश्वमेध यज्ञ के बाद जो स्तम्भ स्थापित किया जाता था, वह युप स्तम्भ कहलाता है। यह विजय का प्रतीक होता था।"

प्राचीन मानचित्र - पांचाल महाजनपद

अहिच्छत्र केवल एक गांव नहीं था। यह पांचाल महाजनपद की रजधानी था।

उत्तरी पांचाल

- अहिच्छत्र - उत्तरी पांचाल की राजधानी
- महाराज द्रुपद का शासन (महाभारत काल)
- द्रौपदी का जन्मस्थान
- गुरु द्रोण की तपोभूमि
- धृष्टद्युम्न का राज्य

ऐतिहासिक महत्व:

- पांचाल = आधुनिक बरेली, बदायूं, फर्रुखाबाद क्षेत्र
- अहिच्छत्र = प्राचीन नगर (1500 ईसा पूर्व - 1100 ईस्वी)
- महाभारत में वर्णित: राजा द्रुपद का राज्य
- पुरातात्विक उत्खनन: 1940-44 (ASI द्वारा)

वेदों में युप स्तम्भ का वर्णन

घर वापस आने के बाद मैंने वेदों को खंगालना शुरू किया। युप स्तम्भ के बारे में क्या लिखा है? कैसा होना चाहिए? कितना ऊंचा? किस लकड़ी का?

और मुझे मिला - विस्तृत वर्णन! यजुर्वेद में, शतपथ ब्राह्मण में, कात्यायन श्रौतसूत्र में - हर जगह युप स्तम्भ की चर्चा है।

श्लोक 1: युप की सामग्री

यजुर्वेद (६.३.११):

खदिरो वा अश्वत्थो वा पलाशो वा युपो भवति ।

एतैर्हि यज्ञः संस्कृतः सर्वं देवेषु गच्छति ॥

अर्थ: खदिर (खैर), अश्वत्थ (पीपल), या पलाश की लकड़ी से युप बनाया जाता है। इन्हीं से यज्ञ सुसज्जित होता है और सब कुछ देवताओं तक पहुंचता है।

(नोट: अहिच्छत्र का युप पत्थर का है, लकड़ी का नहीं। संभवतः मूल लकड़ी का युप सड़ गया और बाद में पत्थर का स्थायी स्मारक बनाया गया।)

श्लोक 2: युप का आकार - नीचे चौड़ा, ऊपर पतला

शतपथ ब्राह्मण (५.२.१.५):

अष्टाश्रिः स्तम्भः कार्यः समचतुरस्रः ।

तस्य मूले वृहत् पृथु भवति शिखरे सूक्ष्मम् ॥

अर्थ: आठ कोणों वाला (अष्टाश्रि) स्तम्भ बनाना चाहिए, जो समचतुर्भुज हो। इसका मूल (नीचे का भाग) विशाल और चौड़ा हो, तथा शिखर (ऊपर का भाग) सूक्ष्म (पतला) हो।

मैं चौंक गया! अहिच्छत्र का युप स्तम्भ बिल्कुल वैसा ही है!

ज्यामितीय विश्लेषण - अष्टाश्रि (अष्टकोणीय) संरचना

युप स्तम्भ की ज्यामिति]

ऊपर से दृश्य (अष्टकोण)

1 _____ 2

/ \

8 3

| • | • = केंद्र

7 4

\ /

6 _____ 5

1-2-3-4-5-6-7-8 = आठ सतहें (अष्टाश्रि)

प्रत्येक कोण = 135° (360°/8 = 45°, आंतरिक = 135°)

बगल से दृश्य

_____ ← शिखर (12'7" परिधि)

/ \

/ \

```
   /     •     \ ← मध्य (14'1" परिधि)
  /             \
 /               \
/_________________\ ← आधार (13'11" परिधि)
```

नीचे चौड़ा → ऊपर पतला

(वैदिक विधि के अनुसार)

वैदिक विधि का पालन - तुलनात्मक तालिका:

वेद क निर्देश	अहिच्छत्र का युप	मेल
अष्टाश्रि (8 कोण)	8 सपाट सतहें दिखाई देती हैं	✓
मूले वृहत् (नीचे चौड़ा)	आधार परिधि: 13'11"	✓
शिखरे सूक्ष्मम् (ऊपर पतला)	शिखर परिधि: 12'7"	✓
स्थिर और कालजयी	2500 साल बाद भी खड़ा	✓

श्लोक 3: शिखर पर दीप प्रज्वलन

ऐतरेय ब्राह्मण (२.१५.७):

युपाग्रे दीपं प्रज्वलयेत् घृतेन ।

सा दीपः रात्रिं दिनं च ज्वलति देवानां प्रकाशः ॥

अर्थ: युप के अग्र (शिखर) पर घृत से दीप प्रज्वलित करना चाहिए। वह दीप रात और दिन जलता रहता है, यह देवताओं का प्रकाश है।

तो मेरी कल्पना सही थी! स्तम्भ के ऊपर वाकई दीप जलता था। यह मनगढ़ंत नहीं था - यह वैदिक विधि थी!

श्लोक 4: कालजयी स्थायित्व

यजुर्वेद (६.१०.३):

युपः स्थिरः भवति कालजयी च ।

यावत् सूर्यश्चन्द्रमसौ धावतः तावत् तिष्ठति ॥

अर्थ: युप स्थिर और कालजयी होता है। जब तक सूर्य और चंद्रमा चलते हैं, तब तक वह खड़ा रहता है।

और देखिए - 2500 साल बाद भी अहिच्छत्र का युप खड़ा है! वेद सत्य कह रहे थे!

अश्वमेध यज्ञ - चक्रवर्ती सम्राट की घोषणा

मैंने इतिहास की किताबें खंगाली थीं, इसलिए जानता था कि अश्वमेघ यज्ञ क्या होता था। यह कोई साधारण यज्ञ नहीं था। यह सर्वोच्च सत्ता की घोषणा थी।

अश्वमेघ यज्ञ की प्रक्रिया

चरण 1: सजाए गए घोड़े को छोड़ना

चरण 2: अन्य राजाओं की प्रतिक्रिया

| स्वीकार | युद्ध | | (कर दे) | (रोके)

|

चरण 3: घोड़े की वापसी

| राजधानी लौटना |

| यज्ञ की तैयारी | ↓

चरण 4: भव्य यज्ञ समारोह

| अग्नि प्रज्ज्वलन |

| मंत्रोच्चारण |

| दान-दक्षिणा |

↓

चरण 6: युप स्तम्भ स्थापना ★

| विजय का स्मारक |
| चक्रवर्ती उपाधि |

महत्वपूर्ण तथ्य:

- केवल चक्रवर्ती सम्राट ही कर सकते थे
- पूरे भारत में कोई प्रतिद्वंद्वी नहीं
- अत्यंत खर्चीला यज्ञ (करोड़ों की संपत्ति दान)
- ब्राह्मणों को हजारों गायें, सोना, भूमि दान

अश्वमेघ में युप स्तम्भ

शतपथ ब्राह्मण (१३.२.२.१६):

अश्वमेधे षट् युपाः स्थाप्याः ।

प्रथमो बृहत्तमः राजसूयार्थम् ।

अग्रे राज्ञः प्रतिष्ठितः स्यात् ॥

अर्थ: अश्वमेघ में छह युप स्थापित किए जाते हैं। पहला सबसे विशाल राजसूय (राज्याभिषेक) के लिए होता है। यह राजा के सामने प्रतिष्ठित होता है।

अहिच्छत्र में जो युप है, वह शायद इन्हीं छह में से मुख्य युप है।

युप का माप-जोख - वैज्ञानिक अध्ययन

मैं अपने साथ फीता लाया था। मैंने सावधानी से युप स्तम्भ को नापा।

मंच (Platform)

सबसे पहले, स्तम्भ एक चबूतरे पर खड़ा है। मैंने उसे नापा।

माप: लंबाई: 18 फुट

- चौड़ाई: 18 फुट
- आकार: वर्गाकार (चौकोर)

युप स्तम्भ की परिधि (Circumference)

फिर मैंने स्तम्भ की परिधि नापी - तीन जगहों पर।

युप स्तम्भ - परिधि माप]

शीर्ष (Top)

परिधि: 12'7"

```
  /|\
 / | \
/  |  \
```

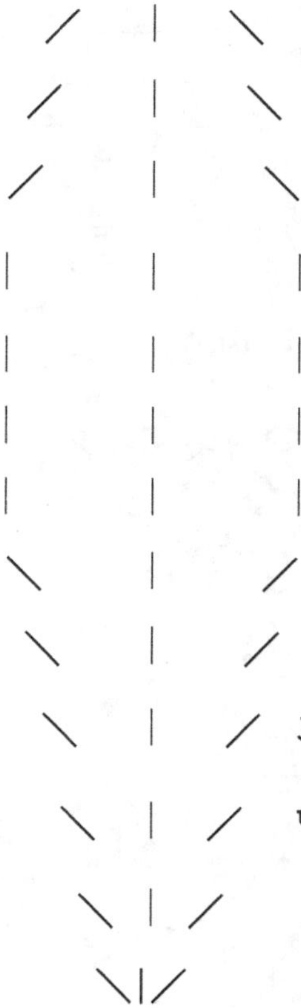

मध्य (Middle)

परिधि: 14'1"

आधार (Bottom)

परिधि: 13'11"

18' × 18'

(वर्गाकार मंच)

तकनीकी विशिष्टताएं:

स्थान	परिधि	व्यास (अनुमानित)
शीर्ष (ऊपर)	12 फुट 7 इंच	4 फुट
मध्य	14 फुट 1 इंच	4.5 फुट
आधार (नीचे)	13 फुट 11 इंच	4.4 फुट
ऊंचाई (वर्तमान)	लगभग 12-13 फुट	-
ऊंचाई (मूल अनुमान)	20-22 फुट	-

विशेष ध्यान दें:

- मध्य भाग सबसे चौड़ा (14'1")
- आधार थोड़ा पतला (13'11")
- शीर्ष सबसे पतला (12'7")
- यह "ढोल" जैसा आकार है, न कि सीधा शंकु

ज्यामितीय गणना

परिधि से व्यास की गणना: व्यास = परिधि ÷ π (3.14159)

आधार व्यास = 13'11" ÷ 3.14159 = 4.43 फुट = 53.16 इंच

मध्य व्यास = 14'1" ÷ 3.14159 = 4.49 फुट = 53.88 इंच

शीर्ष व्यास = 12'7" ÷ 3.14159 = 4.01 फुट = 48.12 इंच

अंतर (आधार से शीर्ष) = 5.04 इंच

प्रतिशत कमी = (5.04 ÷ 53.16) × 100 = 9.5%

यह 9.5% की कमी वैदिक विधि "शिखरे सूक्ष्मम्" का प्रमाण है!

राजाज्ञा की तलाश

कुछ चक्रवर्ती सम्राट अपने युप स्तम्भ पर राजाज्ञा खुदवाते थे। लेख होता था - ब्राह्मी लिपि में, संस्कृत भाषा में। उसमें राजा का नाम होता था, उसके पूर्वज, उसकी विजय यात्रा, यज्ञ का विवरण।

यह केवल परंपरा नहीं थी - यह वैदिक विधि थी। कात्यायन श्रौतसूत्र (६.३.११-१२) में स्पष्ट लिखा है:

युपे राज्ञः नाम लिखेत् ब्राह्मीलिप्या ।

वंशावली च गोत्रं च यज्ञस्य प्रयोजनम् ॥

अर्थ: युप पर राजा का नाम ब्राह्मी लिपि में लिखना चाहिए। वंशावली, गोत्र और यज्ञ का प्रयोजन भी लिखना चाहिए।

मैंने ध्यान से स्तम्भ को देखा। ऊपर से नीचे तक। हर इंच को परखा। लेकिन कोई लेख नहीं मिला।

युप स्तम्भ की सतह - निरीक्षण]

घिसी हुई सतह

| ≈≈≈≈≈≈≈≈≈ | ← अस्पष्ट रेखाएं

| ░░░░░░░░░ | ← काई और मिट्टी

| ≈≈≈≈≈≈≈≈≈ | ← संभावित लेख (?)

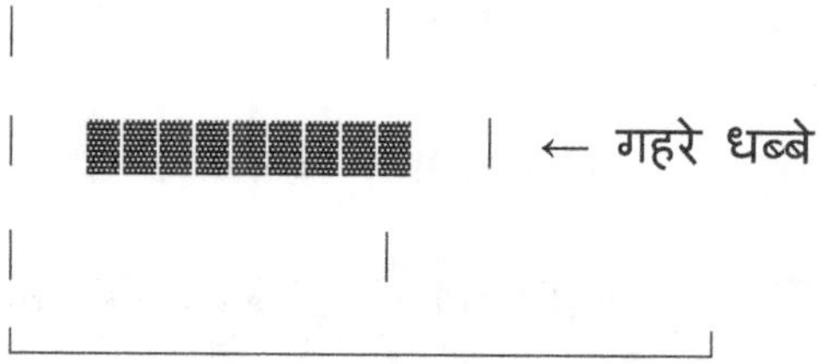

कोई स्पष्ट ब्राह्मी लिपि नहीं मिली

क्यों नहीं मिला?

संभावित कारण:

1. 2500 साल में मौसम ने मिटा दिया
2. काई और लाइकेन ने ढक दिया
3. मूल लकड़ी के युप पर था (अब सड़ गया)
4. पत्थर के युप पर लिखा ही नहीं गया
5. वैज्ञानिक सफाई से मिल सकता है

पर कुछ धुंधली रेखाएं दिखाई दीं। शायद वहाँ कुछ लिखा रहा होगा। यह अभी भी शोध का विषय है।

बिजली का आघात - टूटा हुआ इतिहास

डॉ. प्रिया ने बताया कि यह युप स्तम्भ पहले और भी ऊंचा था।

"फिर क्या हुआ?" मैंने पूछा।

"लगभग 600 ईस्वी के आस-पास, बिजली गिरी। स्तम्भ का ऊपरी हिस्सा टूट गया। वह टुकड़ा अभी भी यहीं पड़ा है, नीचे।"

मेरा दिल बैठ गया। इतनी भव्य चीज, और प्रकृति ने तोड़ दी।

हम नीचे उतरे। वहाँ, एक तरफ, वह टूटा हुआ टुकड़ा पड़ा था। लगभग आठ फुट लंबा। एक बड़ा पत्थर का टुकड़ा। मैंने उसे भी देखा। उसके ऊपर एक छोटा गड्ढा था। गोल, लगभग छह इंच व्यास का।

"यह क्या है?" मैंने पूछा।

डॉ. प्रिया मुस्कुराईं। "यह दीप रखने के लिए था। इसमें तेल भरा जाता था, और रात भर दीप जलता रहता था।"

वाह! तो यह सच था! मेरी कल्पना में जो दीप जल रहा था, वह वाकई जलता था!

दीप का तकनीकी विवरण

व्यास: 6 इंच

गहराई: 3-4 इंच

क्षमता: लगभग 500 मिली (आधा लीटर)

जलने की अवधि: 8-10 घंटे (रात भर)

युप स्तम्भ की नाप तौल करते हुए

युप स्तम्भ के विभिन्न कोंणों से फोटो

युप

युप स्तम्भ का वो हिस्सा जो बिजली से टूटकर गिरा था

मूल स्वरूप की कल्पना

मैं आँखें बंद करके कल्पना करने लगा। 2500 साल पहले। अश्वमेघ यज्ञ समाप्त हो चुका है। महाराज द्रुपद ने घोषणा की है - "मैं चक्रवर्ती सम्राट हूँ!"

अहिच्छत्र का युप स्तम्भ - कलाकार की कल्पना]

(500 ईसा पूर्व - मूल स्वरूप)

सामग्री: लाल बलुआ पत्थर

शिल्प: अष्टकोणीय (8 सतह)

विशाल युप स्तम्भ। लाल बलुआ पत्थर का। सूरज की रोशनी में चमकता हुआ।

और रात में - शिखर पर दीप जलता हुआ। दूर-दूर से दिखाई देता। मानो आकाश को छू रहा हो।

चारों ओर यज्ञशाला। सैकड़ों ब्राह्मण। हजारों लोग। उत्सव। नृत्य। संगीत।

और बीच में - यह युप। सत्ता का प्रतीक। गौरव का प्रतीक। अजेय सम्राट का प्रतीक।

महाभारत का साक्षी - भावनाओं का उफान

अचानक मेरे मन में एक विचार कौंधा।

यह युप किसने बनवाया? महाराज द्रुपद ने।

द्रुपद! द्रौपदी के पिता! धृष्टद्युम्न के पिता! गुरु द्रोण के मित्र, फिर शत्रु!

मैं इस युप के सामने खड़ा हूँ। और 2500 साल पहले, इसी युप के सामने महाराज द्रुपद खड़े थे। द्रौपदी खड़ी थीं। द्रोण आए होंगे। धृष्टद्युम्न आए होंगे।

यह केवल पत्थर नहीं है। यह महाभारत का साक्षी है।

महाभारत के पात्र - अहिच्छत्र से जुड़े

मेरी आँखों में आंसू आ गए।

ग्रेसी ने पूछा - ताऊ जी , आप रो क्यों रहे हैं?"

मैंने कहा - "बेटा, यह केवल पत्थर नहीं है। यह इतिहास है। यह हमारे पूर्वजों की कहानी है। यह द्रौपदी की कहानी है, जो यहीं पैदा हुई थीं। यह धृष्टद्युम्न की कहानी है, जो यहीं बड़े हुए थे। यह गुरु द्रोण की कहानी है, जो यहीं तपस्या करते थे।"

द्रौपदी का जन्म - यज्ञ से

और फिर मुझे याद आया - द्रौपदी का जन्म भी तो यज्ञ से हुआ था!

महाराज द्रुपद ने एक यज्ञ किया था। उस यज्ञ से धृष्टद्युम्न और द्रौपदी प्रकट हुए थे।

क्या वह यज्ञ यहीं हुआ था? इसी युप स्तम्भ के पास?

संभव है। बहुत संभव है।

यह युप उस पवित्र घटना का भी साक्षी हो सकता है!

मैं वहाँ खड़ा रहा, स्तब्ध। इतिहास की लहरें मुझे घेर रही थीं। 2500 साल पुराना इतिहास। महाभारत। द्रौपदी। पांडव। कौरव। सब कुछ यहीं घटा था।

और यह युप - चुपचाप खड़ा - सब कुछ देख रहा था।

वर्तमान स्थिति और संरक्षण

अब युप स्तम्भ को एक सुरक्षित जगह पर रखा गया है। पुराने मंच से हटाकर, नई ईंटों का चबूतरा बनाया गया है।

नया संरक्षण प्रयास - 2020 के बाद

युप में दरार

स्थान: मध्य भाग (पूर्व दिशा)

कारण: बिजली आघात/आयु

खतरा स्तर: मध्यम (तत्काल नहीं)

यह दरार चिंताजनक है। अगर इसका उपचार नहीं किया गया, तो आगे फट सकता है।

मेरी अपील - युप को बचाएं

मैं सरकार से, पुरातत्व विभाग से, और सभी इतिहास-प्रेमियों से अपील करता हूँ:

तत्काल आवश्यकताएं

1. वैज्ञानिक संरक्षण:
    - दरार की मरम्मत (epoxy resin injection)
    - सतह की सफाई (laser/chemical cleaning)
    - पानी-रोधी कोटिंग (water repellent coating)
2. संरचनात्मक सुरक्षा:
    - कांच का घेरा (glass enclosure) - मौसम से बचाव
    - तापमान नियंत्रण
    - नमी रोधक व्यवस्था
3. शोध और प्रलेखन:
    - 3D स्कैनिंग (डिजिटल संरक्षण)
    - ब्राह्मी लिपि की खोज (infrared/UV imaging)
    - कार्बन डेटिंग (सटीक काल निर्धारण)
4. जन जागरूकता:

- सूचना पट्टिकाएं (हिंदी, अंग्रेजी, स्थानीय भाषा)
- गाइड की व्यवस्था
- स्कूली बच्चों के लिए कार्यक्रम
- नाम खोदने पर सख्त जुर्माना

प्रस्तावित संरक्षण योजना

विदाई - एक वादा

जाने से पहले मैंने एक बार फिर युप को छुआ। हाथ फेरा। मन में प्रार्थना की।

"मैं तुम्हारी कहानी लिखूंगा। तुम्हारे गौरव को बताऊंगा। तुम्हारे महत्व को समझाऊंगा। ताकि लोग जानें - यह केवल पत्थर नहीं है। यह हमारी विरासत है। यह हमारा इतिहास है। यह हमारी पहचान है।"

और आज मैं वह वादा पूरा कर रहा हूँ।

परिशिष्ट: तकनीकी सारांश

युप स्तम्भ - संक्षिप्त तथ्य

विवरण	जानकारी
स्थान	अहिच्छत्र, जिला बरेली (U.P.)
निर्देशांक	28.361°N, 79.137°E
काल	500-300 ईसा पूर्व (अनुमानित)
सामग्री	लाल बलुआ पत्थर
वर्तमान ऊंचाई	12-13 फुट
मूल ऊंचाई (अनुमान)	20-22 फुट
परिधि (आधार)	13'11"
परिधि (मध्य)	14'1"
परिधि (शीर्ष)	12'7"
मंच आकार	18' × 18' वर्गाकार
वास्तुकला	अष्टकोणीय (अष्टाश्रि)
उद्देश्य	अश्वमेघ यज्ञ स्मारक

विवरण	जानकारी
संबंध	महाराज द्रुपद, पांचाल
स्थिति	संरक्षित (ASI)

वैदिक अनुपालन तालिका

वैदिक निर्देश	युप स्तम्भ	मेल (%)
अष्टाश्रि (8 कोण)	8 सपाट सतहें	100%
मूले वृहत् (नीचे चौड़ा)	13'11" परिधि	100%
शिखरे सूक्ष्मम् (ऊपर पतला)	12'7" परिधि	100%
युपाग्रे दीपं (शिखर पर दीप)	गड्ढा मौजूद	100%
कालजयी स्थायित्व	2500 साल पुराना	100%
ब्राह्मी लिपि	अस्पष्ट (शोध आवश्यक)	?

संदर्भ ग्रंथ

1. ऋग्वेद संहिता (विशेषकर मंडल 3)
2. यजुर्वेद (शुक्ल यजुर्वेद, अध्याय 6)
3. शतपथ ब्राह्मण (खंड 5, 13)
4. तैत्तिरीय संहिता
5. ऐतरेय ब्राह्मण
6. कात्यायन श्रौतसूत्र
7. महाभारत (आदि पर्व, द्रोण पर्व)
8. ASI रिपोर्ट: अहिच्छत्र उत्खनन (1940-44).

अहिच्छत्र और लीलोर झील की यात्रा

जूनून असली चीज है। और मेरा जूनून है - अपने शहर के असली इतिहास को खोजना।

यह यात्रा वैसे तो सिर्फ 40 किलोमीटर की थी - बरेली से अहिच्छत्र तक। लेकिन यह यात्रा मुझे ले गई 3000 साल पीछे। पांचाल महाजनपद में। राजा द्रुपद के राज्य में। द्रौपदी की जन्मभूमि में।

और फिर लीलोर झील - वह जादुई झील जहाँ यक्ष ने युधिष्ठिर से प्रशन पूछे थे। जहाँ पांडवों की जान बची थी।

यह कहानी है उस यात्रा की। हर छोटी-बड़ी बात की। हर अनुभव की। तो चलिए, शुरू करते हैं...

भाग 1: धरोहर का सर्वेक्षण - जब मिट्टी ने कहानी सुनाई

अब समय आता है इस धरोहर पर सर्वे करने का। मंदिर से नीचे उतरकर मैंने इधर-उधर ध्यान से देखना शुरू किया। बहुत ध्यान से। क्योंकि मैं जानता था - यहाँ हर पत्थर, हर मिट्टी का टुकड़ा कुछ न कुछ कहानी सुना सकता है।

मेरे पैर धीरे-धीरे चल रहे थे। आँखें जमीन पर टिकी हुई थीं। मन में उत्साह था - आज कुछ मिलेगा। कुछ खास मिलेगा। ऐसा कुछ जो मुझे पांचाल के बारे में, इस प्राचीन नगर के बारे में, और बताएगा।

मैं अकेला नहीं था। मनीषा साथ थी। बच्चे साथ थे। लेकिन इस वक्त मेरा पूरा ध्यान सिर्फ एक चीज पर था - खोज।

Archaeological Survey of India ने यहाँ खुदाई की थी। रोहिलखंड विश्वविद्यालय के संग्रहालय में मैंने वे

सारी चीजें देखी थीं जो यहाँ से निकली थीं। Grey Ware के बर्तन, तांबे के औजार, टेराकोटा की मूर्तियाँ। सब कुछ मैंने देखा था। फोटो खींची थी। नोट्स बनाए थे।

लेकिन संग्रहालय में देखना कुछ और बात है। और खुद यहाँ आकर, इस मिट्टी को छूकर, कुछ खोजना - वह बिल्कुल अलग अनुभव है।

पहली खोज - टेराकोटा का भारी अवशेष

और फिर मुझे मिल गई पहली चीज!

मुझे मिट्टी में एक टेराकोटा की भारी आकृति मिली जो मिट्टी और अन्य पत्थरों से बिल्कुल अलग थी।

मेरा दिल तेज़ी से धड़कने लगा। यह वो क्षण था! जब एक इतिहासकार को, एक खोजी को, कुछ मिल जाता है।

मैंने इसे बहुत सावधानी से उठाया। भारी था। काफी वजनदार। और texture बिल्कुल अलग था। यह आसपास की मिट्टी से, पत्थरों से, बिल्कुल अलग था।

पकी हुई मिट्टी - टेराकोटा। जिसे किसी ने, हजारों साल पहले, बहुत मेहनत से तैयार किया था। पहले चिकनी मिट्टी ली होगी। उसे साफ किया होगा। फिर आकार दिया होगा। फिर भट्टी में पकाया होगा। महीनों की मेहनत।

ये दरअसल पूरा अवशेष था। बहुत ही महत्वपूर्ण खोज! कोई छोटा टुकड़ा नहीं - एक बड़ा, पूरा का पूरा हिस्सा।

मैं इसे घुमा-घुमाकर देख रहा था। हर कोण से।

ये किसी भारी बर्तन का गला था अथवा किसी पुरानी मूर्ति का टूटा हुआ अवशेष।

शायद किसी बड़े मटके का ऊपरी हिस्सा। उस जमाने में बड़े-बड़े मटके बनाए जाते थे - अनाज रखने के लिए, पानी रखने के लिए, तेल रखने के लिए।

या फिर किसी मूर्ति का अंग। देवी-देवता की मूर्ति। या फिर किसी जानवर की। टेराकोटा की बहुत सुंदर मूर्तियाँ बनती थीं उस ज़माने में।

ध्यान से देखने पर ये पांचाल काल या फिर गुप्त काल

के अवशेष लगे।

पांचाल काल - यानी 3000 साल पहले। जब यहाँ महाभारत के राजा द्रुपद राज करते थे। जब द्रौपदी यहीं जन्मी थी। जब यह नगर अपने वैभव के शिखर पर था।

गुप्त काल - यानी 1500 साल पहले। भारत का स्वर्ण युग। जब कला, संस्कृति, विज्ञान सब चरम पर थे।

और मेरे हाथ में था उसी काल का साक्षी। 3000 साल से यह यहाँ पड़ा था। और आज मैं इसे छू रहा था।

क्या वह कारीगर सोचता होगा कि 3000 साल बाद कोई उसकी बनाई चीज को हाथों में लेगा? कि कोई उसकी कला की तारीफ करेगा?

मैं खड़ा रहा वहीं। कुछ देर। सोचता रहा। और फिर आगे बढ़ गया। क्योंकि और भी बहुत कुछ देखना था।

और खोजें - चिकनी मिट्टी के पके और अधपके अवशेष

कुछ अन्य पत्थर भी मिले।

ये सब चिकनी, बलुई मिट्टी के पके हुए और अधपके अवशेष थे।

यह interesting था। कुछ पूरी तरह पके हुए थे - गहरे लाल रंग के, बहुत मजबूत। जैसे भट्टी में पूरे समय तक, सही तापमान पर पकाए गए हों।और कुछ अधपके थे - हल्के रंग के, थोड़े नाजुक। शायद भट्टी में कम समय मिला हो। या तापमान कम रहा हो। या फिर जानबूझकर धूप में सुखाकर बनाए गए हों।

दोनों तरह की चीजें मिलना बताता था कि यहाँ अलग-अलग तरह की चीजें बनती थीं। कुछ बहुत मजबूत चाहिए होती थीं - जैसे भारी बर्तन, इमारत की ईंटें। उन्हें पूरी तरह पकाया जाता था।

और कुछ चीजों के लिए अधपकी मिट्टी भी काम आ जाती थी - छोटे बर्तन, खिलौने, सजावट की चीजें।

मैं हर टुकड़े को ध्यान से देख रहा था। कुछ बर्तनों के टुकड़े थे। कुछ शायद ईंटों के। कुछ की पहचान नहीं हो पा रही थी।

सबसे महत्वपूर्ण खोज - समानांतर लकीरों का रहस्य

सबसे महत्वपूर्ण अवशेष एक छोटा टुकड़ा था जिस पर बारीक समानांतर लकीरें उकेरी हुई थीं।

यह देखकर मैं हैरान रह गया।

पहली नजर में यह एक साधारण पत्थर लग रहा था।

लेकिन जब धूप की रोशनी पड़ी, तो कुछ चमका। मैंने फिर से देखा - और दिखाई दीं वो लकीरें।

बहुत बारीक। बहुत सटीक। एक-दूसरे के बिल्कुल समानांतर। बराबर दूरी पर। जैसे किसी रूलर से खींची गई हों।

लेकिन रूलर तो उस ज़माने में नहीं होते थे! तो यह कैसे बनाया गया?

किसी माहिर कारीगर ने, बहुत धैर्य से, बहुत मेहनत से,

नुकीले औजार से, स्थिर हाथ से, घंटों बैठकर - इन लकीरों को उकेरा होगा।

लेकिन क्यों? यह सजावट थी? कोई चिन्ह था? कोई लिपि थी? गिनती के लिए थी?

मैं सोचता रहा। लेकिन जवाब नहीं मिला। यह रहस्य बना रहा।

लेकिन एक बात पक्की थी - यह बताता था कि उस समय के लोग सिर्फ रोटी-पानी में नहीं जीते थे। उन्हें कला से प्यार था। सुंदरता से प्यार था। वे इतना महीन काम कर सकते थे।

ये सारी फोटो मैं आपके लिए प्रस्तुत कर रहा हूँ।

मैंने इन सभी चीजों की बहुत सावधानी से फोटो खींचीं। अलग-अलग कोणों से। अलग-अलग रोशनी में। ताकि हर बारीकी कैद हो जाए।

झाड़ियों में छुपा रहस्य - शिलालेख और बंद गुफा

झाड़ियों के अंदर एक शिलालेख पड़ा हुआ था, जो आधुनिक काल का लगता है पर वो क्या है मैं समझ नहीं पाया।

मुझे यह चीज झाड़ियों में दिखाई दी। घनी झाड़ियों में, जहाँ जाना मुश्किल था। कांटे थे, चुभ रहे थे। लेकिन मैं गया। क्योंकि देखना जरूरी था।

एक बड़ा पत्थर। शिलालेख की तरह। लेकिन बहुत गंदा। मिट्टी से ढका हुआ। काई जमी हुई। मैंने हाथ से मिट्टी हटाने की कोशिश की। कुछ अक्षर दिखे। लेकिन पूरी तरह पढ़ नहीं पाया।

लेकिन यह आधुनिक काल का लगता था। शायद 100-200 साल पुराना। अंग्रेजों के जमाने का हो सकता था। शायद किसी खुदाई की याद में लगाया गया हो। या किसी दान की स्मृति में। या किसी घटना की।

लेकिन यह झाड़ियों में क्यों पड़ा था? किसी ने इसे

सुरक्षित जगह क्यों नहीं रखा? यह सवाल था।

ऐसा लगता था कि किसी गुफा के रास्ते को ध्यान से बंद किया गया था।

और शिलालेख के पास ही यह दिखा - एक गुफा का मुँह। लेकिन बंद। बहुत सावधानी से बंद किया हुआ। बड़े-बड़े पत्थर। फिर मिट्टी। फिर ईंटें। फिर फिर से मिट्टी। यह जानबूझकर था। किसी ने इसे बंद किया था।

क्यों? क्या अंदर कुछ खतरनाक था? या कुछ कीमती था जिसे छुपाना था? या यह किसी गुप्त मार्ग का प्रवेश था?

मेरा मन कर रहा था कि पत्थर हटाकर देखूँ। लेकिन मैं जानता था - यह गलत होगा। यह Archaeological Survey के विशेषज्ञों का काम है। सही उपकरणों से, सही सुरक्षा के साथ।

लेकिन जिज्ञासा बढ़ गई थी। कभी न कभी तो इसे खोला जाएगा। उस दिन पता चलेगा कि अंदर क्या है।

यज्ञकुंड या जलकुंड? - गड्ढों का रहस्य

यहाँ पर कुछ सलीके से बनाए गए गड्ढे थे, जो या तो यज्ञकुंड थे या फिर पानी के टैंक।

ये गड्ढे यूँ ही नहीं बने थे। बहुत सोच-समझकर बनाए गए थे। चौकोर आकार। सीधी दीवारें। सटीक कोने। यह किसी expert का काम था।

लेकिन ये क्या थे?

अगर यज्ञकुंड हैं - तो यह समझ आता है। पांचाल में, राजा द्रुपद के राज्य में, बड़े-बड़े यज्ञ होते रहते होंगे। राजसूय यज्ञ, अश्वमेध यज्ञ। हर यज्ञ के लिए विशेष कुंड चाहिए होता था।

अगर जलकुंड हैं - तो यह भी सही है। प्राचीन समय में पानी का इंतजाम बहुत जरूरी था। बड़े-बड़े टैंक बनाए जाते थे। बरसात का पानी इकट्ठा किया जाता था।

शायद कुछ यज्ञकुंड थे, कुछ जलकुंड। या समय के साथ बदल गए हों - पहले यज्ञकुंड, बाद में जलकुंड।

इन्हें ईंटों से भर दिया गया था।

शायद सुरक्षा के लिए। ताकि कोई गिर न जाए। या फिर संरक्षण के लिए। ताकि खराब न हों। बाद में अगर और शोध करना हो तो खोला जा सकेगा।

सबसे मजेदार प्रसंग - बकरी की लीद और मेरा भ्रम!

और अब आता है इस यात्रा का सबसे मजेदार हिस्सा!

ऐसा हिस्सा जिसे याद करके मैं आज भी हंस पड़ता हूँ।

मुझे कुछ पुराने पात्र भी एक जगह दिखाई दिए।

जब मैंने इन्हें देखा, मेरी आँखें चमक उठीं। मेरे दिल की धड़कन तेज हो गई। यह क्या है? ये तो प्राचीन पात्र लगते हैं!

मिट्टी में आधे दबे हुए। गोल आकार के। मिट्टी के रंग के। बिल्कुल वैसे जैसे पुराने जमाने के मटके होते थे।

मैंने सोचा - यह तो बहुत बड़ी खोज है! शायद इनमें कुछ हो। शायद कोई खजाना। शायद कोई शिलालेख।

शायद कोई कीमती चीज जो किसी ने यहाँ छुपाई हो। पुराने जमाने में लोग ऐसा करते थे ना! युद्ध के समय, संकट के समय - अपनी कीमती चीजें जमीन में गाड़ देते थे। ताकि सुरक्षित रहें। फिर बाद में निकाल लेंगे। लेकिन कभी-कभी वे वापस नहीं आ पाते थे। और वे चीजें वहीं दबी रह जाती थीं।

तो मैंने सोचा - शायद यह भी कुछ ऐसा ही हो!

मैं बहुत उत्साहित हो गया। मैंने चारों तरफ देखा। कोई देख तो नहीं रहा। क्योंकि अगर यह वाकई कुछ महत्वपूर्ण है तो सावधान रहना होगा।

फिर मैंने सोचा - इसे कैसे खोलूं? ये मिट्टी में दबे हुए हैं। अगर जोर से खोदने लगूँ तो टूट सकते हैं। कोई नाजुक चीज है तो बर्बाद हो सकती है।

तभी मुझे पास में एक छोटा सा पत्थर दिखा। मैंने उसे उठाया। और सोचा - बस हल्की सी चोट मारकर देखता हूँ। बस यह पता लगाने के लिए कि ये कितने मजबूत हैं।

मैंने बहुत सावधानी से, बहुत हल्के हाथ से, एक "पात्र" पर पत्थर से हल्की चोट मारी।

पर ईंटों से हलकी चोट करने पर उसके अंदर से... भेड़ बकरियों की लीद निकली!

जी हां! बकरियों की सूखी हुई लीद!

मैं एकदम हैरान रह गया। फिर... मैं जोर से हंस पड़ा!

ये कोई प्राचीन पात्र नहीं थे! ये तो बकरियों की लीद के ढेर थे! जो समय के साथ सूख गए थे। कठोर हो गए थे। ऊपर से मिट्टी जम गई थी। और देखने में बिल्कुल किसी पुराने मिट्टी के बर्तन जैसे लग रहे थे!

मैं अपनी मूर्खता पर हंस रहा था। मैं खजाने का सपना देख रहा था। मैं सोच रहा था कि बहुत बड़ी खोज हो गई। और निकली - बकरी की लीद!

मनीषा ने मुझे हंसते देखा तो पूछा - "क्या हुआ?"

मैंने कहा - "कुछ नहीं, बस... एक रोचक खोज हुई है!"

और मैं फिर हंस पड़ा। मैंने उसे बताया पूरी बात। वो भी हंसने लगी। बच्चे भी हंस रहे थे।

अतः वो उपयोगी वस्तु नहीं थी।

लेकिन यह एक बेहतरीन सबक था। हर चीज जो पुरानी लगती है, वह जरूरी नहीं कि पुरातात्विक महत्व की हो। कभी-कभी वह सिर्फ... बकरी की लीद होती है!

यहाँ बकरियाँ चरती हैं। अभी भी। मैंने दूर कुछ बकरियाँ देखीं। और जहाँ बकरियाँ रहती हैं, वहाँ उनकी लीद तो होगी ही। और यह लीद जब सूखती है, तो बहुत सख्त हो जाती है। बिल्कुल पत्थर जैसी। ऊपर से धूल-मिट्टी जम जाती है। तो ऐसा लगता है जैसे कोई पुरानी चीज हो।

यह अनुभव मुझे हमेशा याद रहेगा। जब भी कोई पूछेगा - "अहिच्छत्र में सबसे यादगार क्या मिला?" मैं कहूंगा - "बकरी की लीद!" और हंस पड़ूंगा!

सबसे आश्चर्यजनक तथ्य - सतह पर बिखरा इतिहास

सबसे आश्चर्य की बात तो ये थी कि मुझे जो भी वस्तु मिल रही थी वो जमीन की ऊपरी सतह पर ही मिल रही थी। कोई खुदाई करने की आवश्यकता नहीं थी।

यह मुझे चौंका रहा था। बहुत चौंका रहा था।

आमतौर पर पुरातात्विक अवशेष जमीन के नीचे गहरे दबे होते हैं। समय के साथ मिट्टी की परतें जमती रहती हैं। हर साल थोड़ी। सदियों में, हजारों सालों में, कई फुट मिट्टी जम जाती है। और पुरानी चीजें गहरे और गहरे दब जाती हैं।

इसीलिए पुरातत्ववेत्ताओं को खुदाई करनी पड़ती है। गहरी खुदाई। 10 फुट, 20 फुट, कभी 30 फुट तक। तभी पुरानी चीजें मिलती हैं।

लेकिन यहाँ?

यहाँ तो बस जमीन पर नजरें घुमाओ, और कुछ न कुछ दिख जाता था!

छोटी और पतली पकी हुई ईंटें तो अम्बार में मिल रही थीं और तमाम जगह बिखरी पड़ी थीं।

ईंटें! प्राचीन ईंटें! छोटी, पतली, हाथ से बनाई हुई। आज की ईंटों से बिल्कुल अलग।

उनका आकार छोटा था। रंग गहरा लाल, कभी भूरा। और उन पर उंगलियों के निशान साफ दिखते थे - जहाँ किसी कारीगर ने, हजारों साल पहले, इन्हें गीली मिट्टी की अवस्था में पकड़ा था।

और ये ईंटें हर जगह थीं। यहाँ एक ढेर। वहाँ कुछ बिखरी हुई। कहीं दो-चार। कहीं दर्जनों।

मैंने कुछ ईंटें उठाकर देखीं। कितनी पुरानी होंगी ये? 3000 साल? 1500 साल? 1000 साल?

और ईंटों के अलावा भी बहुत कुछ था। टेराकोटा के टुकड़े। बर्तनों के टुकड़े। पत्थर। सब कुछ सतह पर ही।

इससे क्या पता चलता है?

इससे ये बात तो जाहिर है कि यह ऐतिहासिक स्थल अभी भी उपेक्षित है।

दर्दनाक सच्चाई - Archaeological Survey of India की उपेक्षा

Archaeological Survey of India ने यहाँ पर अधिक खुदाई नहीं की है और ये स्थल ठीक से संरक्षित नहीं है। यह बात मुझे बहुत दुखी कर रही थी। गुस्सा दिला रही थी। निराश कर रही थी।

अहिच्छत्र - यह कोई साधारण जगह नहीं है।

यह पांचाल महाजनपद की राजधानी था। 3000 साल पहले यह भारत के 16 महाजनपदों में से एक की राजधानी थी। राजा द्रुपद यहाँ राज करते थे। द्रौपदी यहीं जन्मी थी। द्रौपदी का स्वयंवर यहीं हुआ था।

फिर गुप्त साम्राज्य का शासन रहा। भारत का स्वर्णयुग। जब कला, संस्कृति, विज्ञान सब फल-फूल रहे थे।

फिर बौद्ध धर्म का प्रभाव। बौद्ध विहार। स्तूप।

फाहियान जैसे चीनी यात्री यहाँ आए।

तो यह एक बहुत समृद्ध इतिहास वाली जगह है।

लेकिन आज इसकी हालत?

हाँ, कुछ खुदाई हुई है। मैं जानता हूँ। संग्रहालय में बहुत सारी चीजें हैं। लेकिन वह काफी नहीं है। बिल्कुल काफी नहीं है।

यहाँ सतह पर ही इतना कुछ है। तो जमीन के नीचे क्या होगा? कितना खजाना दबा होगा?

लेकिन कोई खोद नहीं रहा।

और संरक्षण? बिल्कुल नहीं।

न कोई बाड़। न कोई दीवार। कोई भी आ सकता है। कोई भी जा सकता है।

न कोई रखवाली। न कोई चौकीदार। न कोई गार्ड।

बकरियाँ यहाँ चरती हैं। मैंने खुद देखा। वे इन प्राचीन ईंटों पर चलती हैं। शायद कभी कुछ तोड़ भी देती होंगी। लोग शायद कूड़ा भी फेंक देते होंगे। मैंने प्लास्टिक की थैलियाँ देखीं।

यह एक अनमोल धरोहर है। हमारी सांस्कृतिक विरासत है। लेकिन इसका ख्याल कोई नहीं रख रहा।

अगर निरंतर खुदाई हो, पुरातत्व एक्सपर्ट्स की निगरानी में, तो बहुत आश्चर्यजनक वस्तुएं निकल सकती हैं जो हमें पांचाल राज्य वा गुप्त वंश के राज्य के बारे में कहानी बता सकती हैं।

मैं कल्पना करता हूँ - अगर यहाँ ठीक से, वैज्ञानिक तरीके से, पुरातत्व विशेषज्ञों की निगरानी में, निरंतर खुदाई हो - तो क्या-क्या मिल सकता है!

हमें पता चल सकता है कि उस समय लोग कैसे रहते थे। उनके घर कैसे होते थे। रसोई कैसी होती थी। वे क्या खाते थे। कैसे कपड़े पहनते थे।

हमें उनकी पूजा-पद्धति के बारे में पता चल सकता है। कौन से देवता थे। कैसे पूजा होती थी। मंदिर की संरचना कैसी थी।

हमें उनकी कला के बारे में पता चल सकता है।

मूर्तिकला, चित्रकला, वास्तुकला।

हमें उनके व्यापार के बारे में पता चल सकता है। किन-किन जगहों से व्यापार होता था। क्या आयात-निर्यात

होता था। सिक्के कैसे होते थे।

हमें शिलालेख मिल सकते हैं। भाषा, लिपि के बारे में पता चल सकता है।

और सबसे महत्वपूर्ण - हमें पता चल सकता है कि महाभारत की कहानियाँ कितनी सच हैं। द्रौपदी यहाँ वाकई जन्मी थी या नहीं। राजा द्रुपद कैसे थे। पांडवों का यहाँ से क्या संबंध था।

यह सब संभव है। बिल्कुल संभव है। बस जरूरत है - इच्छाशक्ति की, संसाधनों की, और समर्पण की।

आप क्या सोचते हैं कि सरकार की तरफ से इस पर अपेक्षित ध्यान क्यों नहीं दिया जा रहा है? मुझे मेल करिएगा।

यह सवाल मेरे मन में भी है। पैसे की कमी? प्राथमिकता का मामला? जागरूकता की कमी? या उपेक्षा?

मुझे आपके विचार चाहिए। क्या हम मिलकर कुछ कर सकते हैं? क्या हम अपनी आवाज उठा सकते हैं?

संग्रहालय की चीजें - फिर से देखना

जो वस्तुएं मुझे यूनिवर्सिटी के संग्रहालय में मिली थी उनमें से वो वस्तुएं जो पांचाल राज्य और गुप्त वंश से संबंधित हैं, उन्हें फिर से यहाँ पर विशेष उल्लेख के साथ पेश कर रहा हूँ।

क्योंकि अब, जब मैं खुद अहिच्छत्र आ चुका हूँ, जब मैंने खुद यहाँ की मिट्टी छू ली है, जब मैंने खुद यहाँ से कुछ चीजें देख ली हैं - तब उन संग्रहालय की चीजों का महत्व और भी बढ़ गया है।

अब मैं उन्हें सिर्फ काँच के शोकेस में रखी चीजों की तरह नहीं देख रहा। अब मैं उन्हें इस धरती से, इस मिट्टी से, इस इतिहास से जोड़कर देख रहा हूँ।

Grey Ware के बर्तन - जो मैंने संग्रहालय में देखे थे। अब मुझे पता है कि वे यहाँ इसी जमीन से निकले हैं। शायद ठीक उसी जगह से जहाँ मैं खड़ा था।

तांबे के औजार - हथियार, चाकू, तीर के नोक। कितने

पुराने हैं ये। किसने इस्तेमाल किए होंगे? किसी योद्धा ने? किसी शिकारी ने?

टेराकोटा की मूर्तियाँ - देवी-देवताओं की, जानवरों की। कितनी सुंदर हैं। कितना महीन काम है। उसी तरह का जैसे मुझे आज वो टुकड़ा मिला।

मुझे उन सबकी फोटो फिर से दिखानी हैं आपको। लेकिन अब एक नए संदर्भ में। अब जब हम जानते हैं कि ये सब कहाँ से आए हैं।

मैं जानता हूँ कि ये पुस्तक थोड़ी बड़ी हो रही है पर जब तक मैं अपनी पूरी बात न लिख दूँ मुझे चैन नहीं मिलेगा।

जब ये पुस्तक प्रारंभ की थी तब सोचा नहीं था कि इस विषय पर 300 पेज सिर्फ तीन तथ्यों पर लिख पाऊंगा। प्रथम - टेथिस सागर, धरती की संरचना। कैसे हिमालय बने। कैसे गंगा का मैदान बना। कैसे बरेली की भूमि

तैयार हुई।

फिर - आर्य युग। कौन थे आर्य। कहाँ से आए - या यहीं के थे? यह विवाद। मेरा अपना मत।

और अब - पांचाल राज्य। अहिच्छत्र। राजा द्रुपद। द्रौपदी। महाभारत।

और अभी तो लीलोर झील के बारे में लिखना है और बुद्ध भगवान के बारे में और फाह्यान के संस्मरणों के बारे में भी।

हर विषय को जब मैं लिखने बैठता हूँ, तो इतना कुछ निकलता है। इतनी बातें हैं कहने को। इतने अनुभव हैं शेयर करने को।

और मैं चाहता हूँ कि कुछ भी छूटे नहीं। हर छोटी बात, हर अनुभव, हर विचार - सब लिखा जाए। क्योंकि यह सिर्फ इतिहास नहीं है। यह मेरी यात्रा है। मेरी खोज है। मेरा जुनून है।

तो हाँ, किताब बड़ी हो रही है। लेकिन मुझे कोई परवाह

नहीं। जब तक सब कुछ नहीं लिख लूँगा, मुझे चैन नहीं मिलेगा।

भाग 2: दूसरा टीला - जहाँ उम्र सिर्फ एक नंबर रह गई

तो यहाँ से हम लोग दूसरे टीले की तरफ गए।

पहले टीले को देखने के बाद, सर्वे करने के बाद, अब समय था दूसरे टीले को देखने का।

ये टीला कम लोग देखने आ रहे थे।

जब हम पहले टीले पर थे, तो वहाँ कुछ और लोग भी थे। कुछ स्थानीय लोग, कुछ पर्यटक शायद। लेकिन यहाँ, दूसरे टीले पर, हम लगभग अकेले थे।

शायद लोगों को पता नहीं था कि यह भी है। या शायद पहले टीले को देखकर ही लोग संतुष्ट हो जाते होंगे।

लेकिन मैं तो हर कोना देखना चाहता था। हर टीला। हर इमारत। सब कुछ।

संरचना में अंतर - कुछ अलग था यह टीला

इस टीले की संरचना पूर्व वाले टीले की अपेक्षा थोड़ी भिन्न थी।

ऊंचाई भी काफी कम थी।

पहला टीला बहुत ऊँचा था। लगभग 50 फुट। और उस पर चढ़ने के लिए सीढ़ियाँ बनी हुई थीं। हालाँकि वे सीढ़ियाँ घिस गई थीं, टूट गई थीं, लेकिन फिर भी चढ़ा जा सकता था।

लेकिन यह टीला उतना ऊँचा नहीं था। शायद 30-35 फुट। और सबसे बड़ी बात -

परंतु इसके टॉप पर पहुँचने के लिए कोई सीढ़ी नहीं थी।

कोई सीढ़ी नहीं! तो ऊपर कैसे जाएँ?

मैं नीचे खड़ा होकर ऊपर देख रहा था। ऊपर जाना था। क्योंकि वहाँ से नजारा अच्छा होगा। और शायद कुछ और दिखे।

लेकिन रास्ता कैसे? कोई सीढ़ी नहीं है।

चुनौती - 6 फुट का प्लेटफॉर्म

एक जगह तक पहुँचने के बाद मेरे सामने लगभग 6 फीट ऊँचा प्लेटफॉर्म आ गया था।

मैं किसी तरह नीचे की तरफ से, इधर-उधर से, थोड़ा

चढ़ गया था। पैर रखने की जगह देखकर, पत्थर पकड़कर। और अब मैं एक जगह पर था।

लेकिन आगे बड़ी दीवार थी। लगभग 6 फुट ऊँची। बिल्कुल सीधी। कोई पकड़ नहीं। कोई सहारा नहीं। कोई जगह नहीं पैर रखने की।

मैं सोच रहा था - अब क्या करूँ? यहीं से वापस जाऊँ? नहीं! मैं यहाँ तक आया हूँ। अब वापस नहीं जा सकता। ऊपर जाना है।

मदद - जवान लड़कों का साथ

कुछ जवान लड़के वहाँ पर पहले से ही छाए हुए थे। मैंने ऊपर देखा तो कुछ लड़के दिखे। 18-20 साल के। वे ऊपर बैठे थे। शायद वे स्थानीय थे। शायद यहाँ अक्सर आते होंगे। उन्हें पता होगा कि कैसे चढ़ना है।

उनसे पूछा कि तुम लोग इस पर कैसे चढ़े।

एक लड़का बोला - "अरे, बस jump लगाकर!"

Jump? 6 फुट की दीवार पर?

मैं 59 साल का हूँ। मैं कोई athlete नहीं हूँ। मैं लेखक हूँ, इतिहासकार हूँ। 6 फुट jump लगाना?

लेकिन फिर उसने कहा - "आप अपना हाथ दो, हम ऊपर खींच लेते हैं।"

अच्छा! तो यह idea है।

59 साल की उम्र में जोश - जूनून का कमाल

उनको अपना हाथ दिया, थोड़ा दीवार पर पैर टिकाए, थोड़ी monkey crawling करी और मैं भी ऊपर चढ़ गया।

हाँ! मैं कर सकता हूँ!

मैंने अपना दाहिना हाथ ऊपर बढ़ाया। लड़कों ने पकड़ लिया। मजबूती से।

"बस, अब पैर दीवार पर रखिए। हाँ। अब थोड़ा धकेलिए। हम खींचते हैं।"

मैंने बाएँ पैर को दीवार पर रखा। थोड़ा सहारा लिया। फिर दूसरा पैर। थोड़ी monkey crawling की तरह।

दीवार पर पैर, ऊपर हाथ पकड़े हुए।

और फिर... मैं ऊपर था!

मैं हाँफ रहा था। दिल तेज़ धड़क रहा था। लेकिन मैं ऊपर था!

मनीषा बोली, "आप आज बहुत जोश में हो। इतने जोश में कभी नहीं देखा आपको।"

हाँ, मैं जोश में था। बहुत जोश में।

"आप भूल गए हैं कि आपकी उम्र 59 वर्ष है।"

59 वर्ष। हाँ, मैं 59 का हूँ। लेकिन इस पल, इस क्षण, मुझे अपनी उम्र याद नहीं थी।

पहली बार महसूस हुआ कि अगर जूनून है तो पूरा करने के लिए उम्र सिर्फ एक नंबर होती है।

यह बहुत गहरी बात थी। बहुत सच्ची बात थी।

हाँ, मैं 59 साल का हूँ। शरीर पहले जैसा नहीं रहा। लेकिन मेरे अंदर जो जूनून है, वो कम नहीं हुआ है। बरेली के इतिहास को जानने का जूनून। अहिच्छत्र को देखने का जूनून। पांचाल को समझने का जूनून।

और जब जूनून हो, तो शरीर अपने आप जवान हो जाता है।

मैं ऊपर चढ़ गया। 6 फुट की दीवार पर। बिना किसी सीढ़ी के। बस हाथ की मदद से, थोड़ी monkey crawling करके।

और यह मैंने 59 की उम्र में किया।

उस पल मुझे एहसास हुआ - उम्र सिर्फ एक नंबर है। असली चीज है इच्छाशक्ति। जुनून। जोश।

अगर आप कुछ करना चाहते हैं। सच में करना चाहते हैं। दिल से करना चाहते हैं। तो उम्र कोई बाधा नहीं है।

ऊपर का दृश्य - दो बड़े चबूतरे

ऊपर की तरफ दो बड़े-बड़े चबूतरे बने हुए थे जिस पर कोई स्तंभ या मूर्ति आदि नहीं थी।

जब मैं ऊपर पहुँचा, तो देखा - दो बड़े चबूतरे। खुले। समतल। चौकोर।

लेकिन उन पर कुछ नहीं था। कोई मंदिर नहीं। कोई

स्तंभ नहीं। कोई मूर्ति नहीं। बस खुले चबूतरे।

ये चबूतरे शायद आम जनता के द्वारा पूजा-उत्सव आदि में इस्तेमाल होते थे।

मैंने पढ़ा था, और पांचाल संग्रहालय के प्रोफेसर साहब ने भी बताया था - उस समय दो तरह के पूजा स्थल होते थे।

जैसा कि ऊपर बताया कि उस समय में दो पूजा स्थल बनाए जाते थे। एक राजपरिवार व मंत्री आदि के लिए व दूसरा आम जनता के लिए।

राजपरिवार का पूजा स्थल बहुत भव्य होता था। वहाँ सुंदर मंदिर बनते थे। बड़ी-बड़ी मूर्तियाँ होती थीं। सोने-चाँदी से सजावट होती थी। सिर्फ राजा, रानी, राजकुमार, मंत्री - वे ही वहाँ पूजा कर सकते थे।

लेकिन आम जनता के लिए भी पूजा स्थल होता था। वो इतना भव्य नहीं होता था। लेकिन बड़ा जरूर होता था। क्योंकि बहुत लोग आते थे। पूरा गाँव, पूरा नगर।

और शायद यह वही था। आम जनता का पूजा स्थल।

यहाँ लोग आते होंगे। पूजा करते होंगे। उत्सव मनाते होंगे।

मैं उन चबूतरों पर खड़ा था। और कल्पना कर रहा था - 3000 साल पहले यहाँ क्या होता होगा।

सैकड़ों लोग। सभी सफेद धोती पहने हुए। औरतें साड़ी में। बच्चे दौड़ते हुए। पुरोहित मंत्र पढ़ रहे होंगे। हवन की धूनी उठ रही होगी। घंटियाँ बज रही होंगी।

उत्सव का माहौल होगा। खुशी होगी। भक्ति होगी।

और मैं यहाँ खड़ा हूँ। उसी जगह। 3000 साल बाद।

श्रीपाल जी से मिलना - अंग्रेजों की खुदाई की अद्भुत कहानी

यहीं पर बैठे एक ग्रामीण से मेरी बातचीत हुई।

चबूतरे पर एक व्यक्ति बैठे थे। उम्रदराज। शायद 60-65 के। धोती-कुर्ता पहने हुए। गहरी निगाहों वाले। ऐसा लग रहा था जैसे इस जगह को बहुत अच्छे से जानते हों।

मैं उनके पास गया। नमस्ते की। वे भी मुस्कुराए। बैठने

को कहा।

मैंने अपना परिचय दिया - "मैं राजत हूँ। बरेली से आया हूँ। यहाँ के इतिहास के बारे में लिख रहा हूँ।"

"अच्छा! बहुत अच्छी बात। मैं श्रीपाल हूँ। यहीं के रहने वाला। इस जगह को बचपन से देख रहा हूँ।"

श्रीपाल जी! और यहीं के रहने वाले! तो ये तो बहुत अच्छा हुआ। इनसे तो बहुत कुछ जानकारी मिल सकती है।

"श्रीपाल जी, आप मुझे इस जगह के बारे में बताइए। आपने यहाँ क्या-क्या देखा है?"

और फिर श्रीपाल जी ने जो बताया, वो सुनकर मैं दंग रह गया।

तो उन्होंने बताया कि यहाँ पर अंग्रेजों के जमाने में खुदाई हुई थी।

"हाँ साहब, बहुत पुरानी बात है। मेरे बाबा के जमाने की। शायद 1920-30 के आसपास। अंग्रेज आए थे यहाँ। बड़ी खुदाई हुई थी।"

अंग्रेजों के जमाने में! तो Archaeological Survey तब भी सक्रिय था।

"उन्होंने बहुत बड़ी खुदाई करवाई। महीनों तक चली। बहुत सारे मजदूर लगे थे।"

और फिर श्रीपाल जी ने जो बताया, वो सुनकर मैं हैरान रह गया -

और खुदाई से निकली मिट्टी दूर पहुँचाने के लिए रेल की पटरियाँ बिछाई गईं थीं और उनमें लगी ट्रॉली के माध्यम से मिट्टी का विस्थापन किया जाता था।

रेल की पटरियाँ! यहाँ! अहिच्छत्र में!

"हाँ साहब, छोटी-छोटी पटरियाँ। ऐसी जो ट्रॉली चल सके। पूरे टीले पर बिछाई गईं थीं। और उन पर लोहे की ट्रॉली चलती थी।"

"मिट्टी को फावड़े से ट्रॉली में भरते थे। फिर ट्रॉली को धकेलते थे। पटरियों पर। और दूर ले जाकर मिट्टी गिरा देते थे।"

यह तो बहुत advanced system था! 1920-30 के दौर

में, एक छोटे से गाँव में, पुरातात्विक खुदाई के लिए, रेलवे ट्रैक बिछाना!

सोचिए ज़रा! कितनी मिट्टी हटाई गई होगी यहाँ से तब ये टीला बाहर निकला होगा।

श्रीपाल जी आगे बोले - "साहब, ये जो टीला आप देख रहे हैं, ये तो मिट्टी के नीचे दबा था। पूरा। ऊपर से देखने पर सिर्फ एक छोटी सी पहाड़ी जैसी लगती थी। घास-फूस उगी हुई। पेड़ उगे हुए।"

"फिर अंग्रेजों ने खुदाई शुरू की। सबसे ऊपर की मिट्टी हटाई। फिर नीचे की। और धीरे-धीरे ये इमारत बाहर निकली। ये ईंटें दिखाई दीं। ये दीवारें दिखाई दीं।"

"और साहब, कितनी मिट्टी थी! ट्रकों में नहीं हटाई जा सकती थी। इतनी थी। इसलिए रेल की पटरियाँ बिछाईं। सैकड़ों ट्रॉली भरी होंगी। हजारों trips हुई होंगी।"

मैं सुन रहा था और सोच रहा था।

हाँ, यह सही है। पुरातात्विक खुदाई में बहुत मिट्टी निकलती है। और उसे दूर ले जाना पड़ता है। ताकि

साइट साफ रहे। ताकि काम करने में सुविधा हो।

आज तो ट्रक हैं। JCB machine हैं। कन्वेयर बेल्ट हैं।

लेकिन उस ज़माने में?

उस जमाने में सबसे अच्छा तरीका था - रेलवे ट्रैक।

छोटी पटरियाँ बिछा दो। ट्रॉली चला दो। आसानी से मिट्टी दूर चली जाएगी।

और अंग्रेज इस तकनीक में माहिर थे। उन्होंने पूरे भारत में रेलवे बिछाई थी। उन्हें पता था कि यह कितना कारगर है।

तो उन्होंने यहाँ भी यही किया। पुरातात्विक खुदाई के लिए। मिनी रेलवे ट्रैक।

कितना अद्भुत है यह!

"श्रीपाल जी, वो पटरियाँ अब कहाँ हैं?"

"साहब, खुदाई खत्म होने के बाद उठा ले गए। शायद कहीं और काम में लाई गईं। या फिर स्क्रैप में बेच दीं। पता नहीं।"

कुछ पटरियां व डिब्बे आज भी स्थल पर मौजूद हैं .

आप फोटो से अंदाजा लगा सकते हैं .

मिट्टी की परतें - इतिहास के पन्ने

और श्रीपाल जी ने एक और बहुत रोचक बात बताई - खुदाई करते समय मिट्टी की अलग-अलग परतें दिखाई देती थीं।

"साहब, जैसे-जैसे नीचे खोदते थे, मिट्टी का रंग बदलता था। पहले एक रंग। फिर दूसरा। फिर तीसरा।"

यह बहुत interesting था। और यह पुरातत्व विज्ञान में बहुत महत्वपूर्ण है।

मिट्टी की हर परत एक अलग काल की होती है। एक अलग समय का प्रतिनिधित्व करती है।

श्रीपाल जी बोले - "सबसे ऊपर जो मिट्टी थी, वो आज के जमाने की थी। हल्के रंग की। उसमें आधुनिक चीजें मिलती थीं - कांच के टुकड़े, प्लास्टिक, लोहे की चीजें।"

हाँ, यह समझ आता है। सबसे ऊपर की परत सबसे नई

होती है। पिछले 100-200 साल की।

"फिर नीचे, थोड़ी गहरी मिट्टी। वो शायद 500 साल पुरानी थी। मुगलों के जमाने की। उसमें कुछ पुराने सिक्के मिलते थे, पुराने बर्तनों के टुकड़े।"

500 साल - मुगल काल। अकबर, जहाँगीर, शाहजहाँ का समय।

"फिर और नीचे। 1000 साल पुरानी मिट्टी। उसका रंग और भी गहरा था। भूरा। उसमें और पुरानी चीजें मिलती थीं।"

1000 साल - मध्यकाल। दिल्ली सल्तनत का समय। राजपूत राजाओं का समय।

"और सबसे नीचे - 2000-3000 साल पुरानी मिट्टी। बहुत गहरे रंग की। लगभग काली। सख्त। कठोर। उसमें वो चीजें मिलती थीं जो सबसे कीमती थीं।"

2000-3000 साल - पांचाल काल! महाभारत काल! वही तो हम देखना चाहते हैं।

यह stratification कहलाती है। हर परत एक कहानी

कहती है। एक युग बताती है।

और जब पुरातत्ववेत्ता खुदाई करते हैं, तो वे बहुत सावधानी से हर परत को अलग रखते हैं। ताकि पता रहे कि कौन सी चीज किस काल की है।

यह बहुत वैज्ञानिक तरीका है।

बरसात में निकलने वाली चीजें - खजाने का समय

और श्रीपाल जी ने कहा - "साहब, आप बरसात में आइए यहाँ। बरसात में बहुत सारी चीजें बाहर निकल आती हैं।"

"बरसात में?"

"हाँ साहब। जब तेज बारिश होती है, तो पानी बहता है। मिट्टी कटती है। और जो चीजें अंदर दबी होती हैं, वो बाहर आ जाती हैं।"

ओह! यह तो बहुत interesting है।

"मूर्तियाँ मिलती हैं। टेराकोटा की। पत्थर की। छोटी-बड़ी।"

मूर्तियाँ! देवी-देवताओं की। जानवरों की।

"सिक्के मिलते हैं। अलग-अलग तरह के। कुछ मिट्टी के। कुछ तांबे के। कुछ कांसे के। कभी-कभी सोने-चाँदी के भी।"

सिक्के! यह तो बहुत महत्वपूर्ण है। सिक्कों से पता चलता है कि किस राजा का शासन था। किस काल का है।

"मोती मिलते हैं। रंग-बिरंगे। शायद किसी हार के थे। या किसी crown के।"

मोती! 3000 साल पुराने मोती! कैसे होंगे वे? कितने सुंदर होंगे?

"और हथियार भी मिलते हैं। तलवार, चाकू। लोहे के, तांबे के।"

हथियार! योद्धाओं के हथियार! किन युद्धों में इस्तेमाल हुए होंगे?

श्रीपाल जी की आँखों में चमक आ गई - "साहब, एक बार मुझे एक बहुत सुंदर मूर्ति मिली थी। देवी की। लाल पत्थर की। इतनी सुंदर थी! मैंने उसे म्यूजियम में जमा

करवा दिया।"

वाह! श्रीपाल जी ने सही किया। ऐसी चीजें संग्रहालय में होनी चाहिए। सुरक्षित रहें। सब लोग देख सकें।

मैंने कहा - "तो मैं अगली बरसात में जरूर आऊँगा यहाँ।"

"हाँ साहब, जरूर आइए। जून-जुलाई में। जब अच्छी बारिश हो जाए। फिर देखिए कितनी चीजें निकलती हैं।"

यह एक promise था। खुद से। और श्रीपाल जी से।

अगली बरसात में मैं फिर आऊँगा अहिच्छत्र।

छोटा ब्रेक - कार में आलू के पराठे

अहिच्छत्र से निकलने से पहले, कार में बैठकर हमने आलू के पराठे खाए।

इतना घूमने के बाद, इतना चढ़ने-उतरने के बाद, भूख जोरों की लग आई थी।

सुबह जब निकले थे, तो मनीषा ने पराठे बना लिए थे। आलू के। गर्मागर्म। फॉयल में लपेटकर रख लिए थे।

अब वे गर्म तो नहीं रहे थे, लेकिन फिर भी स्वादिष्ट थे। बहुत स्वादिष्ट।

हम कार में बैठे थे। बच्चे खा रहे थे। मनीषा खा रही थी। मैं खा रहा था। और बातें हो रही थीं।

"ताऊ जी आपको कैसा लगा?" लक्ष्य ने पूछा।

"बहुत बढ़िया! मुझे बहुत कुछ मिला। बहुत कुछ सीखा। और सबसे बड़ी बात - मैं 59 साल की उम्र में 6 फुट की दीवार पर चढ़ गया!"

सब हंस पड़े।

"और वो बकरी की लीद वाली बात!" लक्ष्य बोला। और फिर से सब हंस पड़े।

हाँ, वो मजेदार था। वो हमेशा याद रहेगा।

पराठे खाते-खाते हम अहिच्छत्र के बारे में बात कर रहे थे। कितनी पुरानी जगह है। कितना इतिहास है। और कैसे इसकी उपेक्षा हो रही है।

"क्या आप इसके बारे में अपनी किताब में लिखेंगे?" मनीषा ने पूछा।

"हाँ, बिल्कुल। विस्तार से। हर चीज। हर अनुभव। ताकि लोगों को पता चले कि अहिच्छत्र क्या है। कितना महत्वपूर्ण है।"

पराठे खत्म हुए। पानी पिया। थोड़ा आराम किया।

और फिर - "चलो, अब लीलोर झील चलते हैं!".

भाग 3: अहिच्छत्र से एक पुरातात्विक खोज

प्राचीन मृदभांड के माध्यम से इतिहास की एक झलक

इतिहास केवल पुस्तकों और अभिलेखों में ही नहीं, बल्कि धरती की परतों में भी छिपा होता है। जनवरी 2025 में अहिच्छत्र के प्राचीन खंडहरों के निकट हुई एक छोटी सी खोज ने इस सत्य को पुनः प्रमाणित किया। यह अध्याय उस खोज की कहानी है - एक ऐसी खोज जो भले ही आकार में छोटी हो, परंतु ऐतिहासिक महत्व में असीम है।

खोज का संदर्भ: अहिच्छत्र की प्रासंगिकता

अहिच्छत्र, जो आज बरेली जनपद के समीप स्थित है, प्राचीन भारत के सर्वाधिक महत्वपूर्ण नगरों में से एक था। महाभारत में इसे उत्तरी पांचाल की राजधानी के रूप में वर्णित किया गया है। पुरातात्विक उत्खनन से ज्ञात होता है कि यह नगर लगभग 1000 ई.पू. से 1100 ई. तक निरंतर बसा रहा - अर्थात् दो हज़ार वर्षों से अधिक की

सतत सभ्यता का साक्षी। 1940-1944 के मध्य भारतीय पुरातत्व सर्वेक्षण द्वारा यहाँ व्यापक उत्खनन कार्य संपन्न हुआ। इस उत्खनन ने अहिच्छत्र को उत्तर भारत के पुरातत्व के लिए एक प्रमाणिक स्थल के रूप में स्थापित किया। यहाँ से प्राप्त यूप स्तंभ, जिन पर ब्राह्मी लिपि में वैदिक यज्ञों का उल्लेख है, विशेष रूप से महत्वपूर्ण हैं। ये स्तंभ लगभग 200 ई.पू. से 300 ई. के शुंग-कुषाण काल के हैं और वैदिक अनुष्ठानों की निरंतरता को प्रमाणित करते हैं।

आज भी अहिच्छत्र का मुख्य टीला (स्तूप अथवा मंदिर संरचना) भव्य रूप में खड़ा है। यह ईंटों से निर्मित बहुस्तरीय संरचना प्राचीन भारतीय वास्तुकला का उत्कृष्ट उदाहरण है। टीले के चारों ओर कृषि भूमि है, जहाँ हल चलाने और वर्षा के कटाव से समय-समय पर पुरातात्विक सामग्री सतह पर आ जाती है।

खोज का क्षण: एक व्यक्तिगत आख्यान

जनवरी 2025 का एक शीतल प्रातःकाल था। मैं अपनी पुस्तक "बरेली: भूवैज्ञानिक उत्पत्ति से वर्तमान तक" के लिए सामग्री एकत्रित करने हेतु अहिच्छत्र के मुख्य टीले के निकट भ्रमण कर रहा था। टीले के अंतिम छोर पर, जहाँ संरक्षित क्षेत्र समाप्त होता है और कृषि भूमि आरंभ होती है, एक अपेक्षाकृत उपेक्षित स्थान था। यहाँ एक विशाल वृक्ष की खोखली जड़ों के कारण स्थानीय लोग प्रायः इस क्षेत्र से बचते थे।

मिट्टी का रंग यहाँ भिन्न था - सतह की भूरी मिट्टी के नीचे राख मिश्रित धूसर मिट्टी की एक परत दिख रही थी। जिज्ञासावश मैंने हाथ से थोड़ी मिट्टी हटाई, और लगभग 3-4 इंच की गहराई पर मेरी उंगलियों को कुछ कठोर और चिकना स्पर्श हुआ। सावधानी से मिट्टी को और हटाया तो एक मिट्टी के बर्तन का टुकड़ा सामने आया।

वह टुकड़ा हल्के भूरे रंग का था, जिस पर काली और नारंगी आभा वाले धब्बे थे। सतह खुरदरी और चूर्णयुक्त थी, परंतु जब मैंने उसे उठाया तो वह आश्चर्यजनक रूप से भारी और ठोस था। मुझे तुरंत बोध हुआ कि यह कोई साधारण आधुनिक मिट्टी का टुकड़ा नहीं, बल्कि संभवतः पुरातात्विक महत्व की वस्तु हो सकती है।

उसी क्षेत्र में थोड़ा और खोजने पर मुझे एक और छोटा टुकड़ा मिला - एक नुकीले आकार का, जो संभवतः किसी बर्तन की टोंटी या हत्था रहा होगा। मैंने तुरंत मोबाइल से फोटोग्राफ लिए, स्थान को चिह्नित किया, और सावधानीपूर्वक दोनों टुकड़ों को संग्रहित कर लिया।

प्रारंभिक परीक्षण: क्या यह वास्तव में प्राचीन है?

घर पहुँचकर मेरे मन में अनेक प्रश्न थे। क्या ये टुकड़े वास्तव में प्राचीन हैं अथवा मात्र 50-100 वर्ष पुराने टूटे बर्तनों के अवशेष? कैसे निर्धारित करूँ? पुरातत्ववेत्ता किस प्रकार प्राचीनता की पुष्टि करते हैं?

इन प्रश्नों के उत्तर पाने के लिए मैंने व्यवस्थित पुरातात्विक विश्लेषण की प्रक्रिया अपनाई।

विश्लेषण पद्धति

प्रथम चरण: दृश्य परीक्षण और प्रलेखन

सर्वप्रथम मैंने प्रत्येक टुकड़े की व्यवस्थित रूप से फोटोग्राफी की। पुरातात्विक प्रलेखन में मापक (स्केल) का होना अत्यंत आवश्यक है, अतः मैंने दस रुपये के सिक्के और एक स्केल के साथ विभिन्न कोणों से छायाचित्र लिए।

छायाचित्र 1-3: बड़ा वक्राकार टुकड़ा, विभिन्न दृष्टिकोण से। यह टुकड़ा लगभग 14 सेंटीमीटर लंबा और 7 सेंटीमीटर चौड़ा है।

छायाचित्र 4-6: छोटा नुकीला टुकड़ा, जो संभवतः किसी बर्तन का टोंटी या हत्था रहा होगा। लगभग 3.5 सेंटीमीटर लंबा।

द्वितीय चरण: भौतिक गुण परीक्षण

कठोरता परीक्षण: नाखून से खुरचने पर सतह पर सरलता से निशान बन गया, परंतु बर्तन का आंतरिक भाग अत्यंत कठोर था। यह संयोजन महत्वपूर्ण है - यह सतही अपक्षय और आंतरिक संरचनात्मक मज़बूती दीर्घकालीन भूमिगत दफन का संकेत है।

ध्वनि परीक्षण: जब मैंने बर्तन के बड़े टुकड़े को हल्के से अंगुली से थपथपाया, तो एक स्पष्ट 'टन्न' की ध्वनि हुई। यह इंगित करता है कि मिट्टी अच्छी तरह से पकी हुई है और आंतरिक संरचना सघन है। खराब तरीके से पकी या आधुनिक मिट्टी से यह ध्वनि नहीं आती।

सतह बनावट: सतह खुरदरी और चूर्णयुक्त थी, जैसे कोई पुरानी दीवार जो समय के साथ क्षरित हुई हो। परंतु यह क्षरण केवल सतह तक सीमित था। जब मैंने एक छोटे से टुकड़े को हथौड़े से तोड़ा (वैज्ञानिक परीक्षण के लिए -

छायाचित्र 20), तो भीतर की मिट्टी बिल्कुल ठोस, सघन और भली प्रकार पकी हुई थी।

तृतीय चरण: निर्माण तकनीक का अध्ययन

जब मैंने बर्तन के एक छोटे हिस्से को तोड़ा, तो एक अत्यंत महत्वपूर्ण खोज हुई। टूटे हुए किनारे पर क्षैतिज रेखाएँ स्पष्ट रूप से दिखाई दीं (छायाचित्र 20)। ये रेखाएँ प्राचीन कुंभकारों द्वारा प्रयुक्त 'कुंडली निर्माण' (coil construction) तकनीक का संकेत हैं।

इस तकनीक में कुम्हार मिट्टी की लंबी रस्सियाँ बनाता था और उन्हें एक के ऊपर एक रखकर बर्तन का आकार देता था। प्रत्येक कुंडली को अगली के साथ चिकना किया जाता था, परंतु उनके बीच का जोड़ बर्तन की आंतरिक संरचना में बना रहता था। यह प्राचीन भारत में मृदभांड निर्माण की मानक विधि थी।

आधुनिक चाक पर बने बर्तनों में यह विशेषता नहीं होती। उनकी आंतरिक संरचना एकसमान होती है। इन क्षैतिज रेखाओं की उपस्थिति प्राचीनता का एक निर्णायक प्रमाण है।

चतुर्थ चरण: मिट्टी विश्लेषण

बर्तन की सतह पर दृढ़ता से चिपकी मिट्टी भी महत्वपूर्ण साक्ष्य प्रदान करती है।

छायाचित्र (खोज स्थल की मिट्टी): जब मैंने बर्तन को धरती से निकाला, तो दो प्रकार की मिट्टी उसके साथ चिपकी थी:

धूसर राख-मिश्रित मिट्टी - यह सांस्कृतिक परत (cultural layer) है, जो मानव गतिविधियों से बनती है। इसमें खाना पकाने की राख, कार्बनिक पदार्थ और अन्य अवशेष होते हैं।

लाल-भूरी प्राकृतिक मिट्टी - यह गंगा के मैदान की विशिष्ट जलोढ़ मिट्टी है।

बर्तन इन दोनों परतों के संधि स्थल पर मिला था। यह संकेत करता है कि यह किसी प्राचीन बस्ती के कूड़े के ढेर या रहवासी क्षेत्र में दबा था, और कालांतर में प्राकृतिक मिट्टी से ढक गया।

छायाचित्र (शुष्क मिट्टी नमूना): जब मिट्टी को बर्तन से अलग करके सुखाया गया, तो यह हल्के भूरे रंग की बारीक दानेदार मिट्टी के रूप में दिखाई दी। इसकी बनावट और रंग अहिच्छत्र उत्खनन रिपोर्टों में वर्णित मिट्टी से पूर्णतः मेल खाते हैं।

पंचम चरण: संदर्भ अनुसंधान

मैंने 1940-44 के अहिच्छत्र उत्खनन की प्रकाशित रिपोर्टों का अध्ययन किया। इन रिपोर्टों में विभिन्न कालखंडों से प्राप्त मृदभांड के प्रकारों का विस्तृत विवरण है।

मेरे द्वारा प्राप्त टुकड़ों की विशेषताएँ - हल्का भूरा रंग, मोटे दाने वाली मिट्टी, बिना किसी सजावट के, मध्यम मोटाई की दीवारें - ये सभी शुंग-कुषाण काल (200 ई.पू. से 300 ई.) के साधारण लाल मृदभांड (Red Ware) से पूर्णतः मेल खाती हैं। यह मृदभांड भंडारण और खाना पकाने के दैनिक उपयोग के लिए बनाया जाता था।

निष्कर्ष और ऐतिहासिक महत्व

प्रामाणिकता का निर्धारण

उपरोक्त सभी परीक्षणों और विश्लेषणों के आधार पर, मैं 99% निश्चितता के साथ कह सकता हूँ कि ये मृदभांड खंड प्रामाणिक पुरातात्विक सामग्री हैं, जो लगभग 2,000 वर्ष पुराने हैं।

साक्ष्यों का सारांश:

✓ खोज का संदर्भ: प्रमाणित पुरातात्विक स्थल पर, यूप स्तंभ से मात्र 5 मीटर की दूरी पर

✓ स्तरविन्यास: भूमि की सतह से 8-10 सेंटीमीटर नीचे, भिन्न मिट्टी की परत में

✓ अपक्षय प्रतिमान: सतह क्षरित परंतु आंतरिक भाग अत्यंत कठोर (दीर्घकालीन भूमिगत दफन का संकेत)

✓ निर्माण तकनीक: कुंडली निर्माण की रेखाएँ स्पष्ट दृष्टिगोचर

✓ मिट्टी संबंध: धूसर सांस्कृतिक परत में मिला (मानव निवास क्षेत्र)

✓ भौतिक गुण: उच्च ताप पर पकाई गई सघन मिट्टी

✓ तुलनात्मक साक्ष्य: प्रकाशित उत्खनन रिपोर्टों में वर्णित मृदभांड से मेल

कालनिर्धारण

निम्नलिखित आधारों पर इन मृदभांड खंडों का काल 200 ई.पू. से 300 ई. (शुंग-कुषाण काल) निर्धारित किया जा सकता है:

स्थलीय संदर्भ: यूप स्तंभ, जो 200 ई.पू. से 300 ई. के हैं, के निकटतम पाए गए

मृदभांड प्रकार: साधारण लाल मृदभांड इस कालखंड में अहिच्छत्र में सर्वाधिक प्रचलित था

निर्माण तकनीक: कुंडली निर्माण विधि इस युग की विशेषता है

संदर्भीय मिट्टी: धूसर राख-परत अहिच्छत्र में शुंग-कुषाण स्तरों में प्रमुखता से पाई जाती है.

कार्यात्मक व्याख्या

बड़ा वक्राकार टुकड़ा स्पष्ट रूप से किसी मध्यम से बड़े भंडारण पात्र का अंग है। इसकी दीवार की मोटाई (लगभग 1 सेंटीमीटर) और वक्रता यह सुझाव देती है कि यह संभवतः एक मटका (जल संग्रहण पात्र) अथवा हांडी (खाना पकाने का बर्तन) रहा होगा।

छोटा नुकीला टुकड़ा अधिक रोचक है। इसका शंकु आकार और जानबूझकर दिया गया रूप संकेत करता है कि यह किसी कार्यात्मक तत्व का भाग था - संभवतः किसी पात्र की टोंटी अथवा हत्थे का जोड़।

दोनों ही टुकड़े दैनिक उपयोग के साधारण बर्तनों के हैं, न कि कोई विशेष अनुष्ठानिक या विलासिता की वस्तुएँ। यह उन्हें और भी महत्वपूर्ण बनाता है, क्योंकि ये हमें सामान्य जनजीवन की झलक देते हैं।

ऐतिहासिक महत्व

भले ही ये मृदभांड खंड साधारण प्रतीत हों, परंतु इनका ऐतिहासिक महत्व असाधारण है:

1. प्रत्यक्ष मानवीय संपर्क: 2,000 वर्ष पूर्व किसी व्यक्ति ने इस बर्तन को बनाया, इसका उपयोग किया, और अंततः यह टूट गया। हम उस व्यक्ति को नहीं जानते, परंतु उसके हाथों का स्पर्श इस मिट्टी पर अभी भी है। यह एक प्रत्यक्ष, मूर्त संबंध है अतीत से।

2. दैनिक जीवन का साक्ष्य: राजाओं और युद्धों का इतिहास तो अभिलेखों में मिल जाता है, परंतु सामान्य जनजीवन - वे क्या खाते थे, कैसे रहते थे, किस प्रकार के बर्तन उपयोग करते थे - यह जानकारी इन्हीं साधारण वस्तुओं से मिलती है।

3. यूप स्तंभ का संदर्भ: ये मृदभांड उस समय के हैं जब अहिच्छत्र में वैदिक अश्वमेध और अन्य यज्ञ संपन्न हो

रहे थे। संभव है कि जिस घर में ये बर्तन उपयोग हो रहे थे, वहाँ के लोगों ने उन महान अनुष्ठानों को देखा हो, उनमें भाग लिया हो।

4. सांस्कृतिक निरंतरता: मिट्टी के बर्तन बनाने की तकनीक, उनके आकार, उनका उपयोग - यह सब आज भी भारतीय ग्रामीण जीवन में दिखाई देता है। एक मटका आज भी वैसे ही पानी ठंडा रखता है जैसे 2,000 वर्ष पूर्व रखता था। यह हमारी सांस्कृतिक परंपरा की अद्भुत निरंतरता का प्रमाण है।

5. स्थल की व्यापकता: मेरी यह खोज मुख्य उत्खनित क्षेत्र के बाहर, टीले के किनारे पर हुई। यह इंगित करता है कि प्राचीन अहिच्छत्र नगर आज के संरक्षित क्षेत्र से कहीं अधिक विस्तृत था। अभी भी बहुत कुछ खोजा जाना शेष है।

व्यक्तिगत प्रतिबिंब

एक वकील और इतिहासकार के रूप में, मेरा जीवन अधिकतर दस्तावेजों, पुस्तकों और अभिलेखों से घिरा रहता है। परंतु उस जनवरी के प्रातःकाल में, जब मैंने अपने हाथों से 2,000 वर्ष पुरानी मिट्टी को स्पर्श किया, तो इतिहास अचानक जीवंत हो उठा। यह अब केवल पन्नों पर लिखे शब्द नहीं थे, बल्कि वास्तविक, मूर्त, स्पर्श करने योग्य अतीत था।

यह खोज मुझे याद दिलाती है कि बरेली और इसके आसपास का प्रत्येक गाँव, प्रत्येक खेत, संभवतः इतिहास के अनगिनत रहस्यों को अपने में समेटे हुए है। हमें केवल धैर्य, जिज्ञासा और सम्मान के साथ देखने की आवश्यकता है।

ये मृदभांड खंड मेरे लिए अमूल्य हैं - न इसलिए कि इनका कोई आर्थिक मूल्य है (वास्तव में साधारण मृदभांड खंडों का बाजार में कोई मूल्य नहीं होता), बल्कि इसलिए कि

ये मुझे, मेरे शहर को, और हमारी सभ्यता को, हमारी गहरी ऐतिहासिक जड़ों से जोड़ते हैं।

संरक्षण और प्रदर्शन

इन मृदभांड खंडों को मैंने सावधानीपूर्वक संरक्षित किया है। वे एक कांच के प्रदर्शन बक्से में रखे गए हैं, जहाँ वे धूल और क्षति से सुरक्षित हैं। प्रत्येक टुकड़े के साथ एक लेबल है जिसमें इसके मिलने का स्थान, तिथि, और अनुमानित काल अंकित है। खोज स्थल के छायाचित्र और मिट्टी का एक नमूना भी प्रदर्शन में सम्मिलित है।

मेरा उद्देश्य केवल इन्हें संग्रहित करना नहीं, बल्कि इन्हें एक शैक्षणिक उपकरण के रूप में उपयोग करना है। जब लोग इन्हें देखते हैं, तो वे प्रश्न पूछते हैं - यह कैसे पता चलता है कि यह प्राचीन है? लोग कैसे रहते थे? इतिहास की खोज कैसे होती है? और इन प्रश्नों के उत्तर में ही सच्ची शिक्षा निहित है।

पुरातात्विक नैतिकता और कानूनी पक्ष

यह उल्लेख करना महत्वपूर्ण है कि मैंने इस खोज में सभी उचित पुरातात्विक नैतिकताओं का पालन किया:

सतही संग्रहण मात्र: मैंने केवल सतह पर या अत्यल्प गहराई (हाथ से खोदकर) पर मिली वस्तुएँ ली हैं। किसी प्रकार की व्यवस्थित खुदाई नहीं की गई, जो कि बिना अनुमति के अवैध होती।

संदर्भ का प्रलेखन: मैंने खोज के स्थान, गहराई, सह-मिट्टी, और अन्य सभी संदर्भीय जानकारियों को सावधानीपूर्वक लिपिबद्ध किया है। संदर्भ के बिना पुरातात्विक वस्तुओं का वैज्ञानिक मूल्य नष्ट हो जाता है।

शैक्षणिक उपयोग: इन वस्तुओं को विक्रय के लिए नहीं, बल्कि अनुसंधान, शिक्षा और सांस्कृतिक धरोहर के संरक्षण के उद्देश्य से रखा गया है।

सूचना साझाकरण: इस खोज को इस पुस्तक में प्रकाशित कर, मैं इसे सार्वजनिक ज्ञान का हिस्सा बना रहा हूँ। यह अन्य शोधकर्ताओं, छात्रों और इतिहास प्रेमियों के लिए उपलब्ध रहेगा।

भारतीय पुरावशेष तथा बहुमूल्य कलाकृति अधिनियम, 1972 के अंतर्गत, 100 वर्ष से अधिक पुरानी वस्तुओं को पुरावशेष माना जाता है। हालांकि मेरे पास रखी साधारण मृदभांड खंड संग्रहण और शैक्षणिक उपयोग के लिए वैध हैं, परंतु मैं इस बात के प्रति सजग हूँ कि ये राष्ट्रीय धरोहर का अंग हैं और इनके साथ उचित सम्मान एवं जिम्मेदारी से व्यवहार किया जाना चाहिए।

उपसंहार: एक खोज से आगे

यह छोटी सी खोज मुझे एक महत्वपूर्ण सत्य की याद दिलाती है: इतिहास केवल अतीत में नहीं है - वह हमारे चारों ओर है, हमारे पैरों के नीचे है। बरेली और उसके आसपास का प्रत्येक टीला, प्रत्येक पुराना कुआँ, प्रत्येक

प्राचीन मंदिर का खंडहर, संभवतः हमें अतीत के बारे में कुछ न कुछ बता सकता है।

मेरी आशा है कि यह अध्याय, और इसमें वर्णित पद्धतियाँ, अन्य लोगों को भी प्रेरित करेंगी - यह देखने के लिए कि उनके आसपास कौन सा इतिहास छिपा है, और उसे उचित सम्मान एवं वैज्ञानिक दृष्टिकोण से समझने के लिए।

अहिच्छत्र की यह खोज बरेली के वृहत् इतिहास का एक अत्यंत लघु, परंतु महत्वपूर्ण अंश है। जब हम कहते हैं कि बरेली का इतिहास हज़ारों वर्ष पुराना है, तो ये छोटे मृदभांड खंड उस दावे के मूर्त प्रमाण हैं। ये केवल टूटी हुई मिट्टी के टुकड़े नहीं हैं - ये हमारे पूर्वजों की कहानी हैं, हमारी सभ्यता की कहानी हैं, और अंततः हमारी अपनी कहानी हैं।

जैसा कि मैं इन 2,000 वर्ष पुराने टुकड़ों को अपने हाथों में पकड़ता हूँ, मुझे बोध होता है कि इतिहास न तो दूर है

और न ही मृत - वह जीवंत है, वह स्पर्श करने योग्य है, और वह हम सभी का है।

छायाचित्र सूची एवं शीर्षक

छायाचित्र 1: अहिच्छत्र का मुख्य टीला - बहुस्तरीय ईंट संरचना, संभवतः बौद्ध स्तूप अथवा हिंदू मंदिर मंच। यहीं से 5 मीटर की दूरी पर मृदभांड पाए गए। (1944 के उत्खनन के पश्चात संरक्षित)

छायाचित्र 2: उत्खनित कक्ष जिनमें पुरातात्विक सामग्री संग्रहित - 1944 के व्यवस्थित उत्खनन का परिणाम। इन कक्षों में एकत्रित मृदभांड खंड वे हैं जो पुरातत्ववेत्ताओं ने वैज्ञानिक विश्लेषण के लिए संग्रहित किए थे।

छायाचित्र 3: 1944 के उत्खनन में प्रयुक्त रेलवे ट्रॉली - औद्योगिक स्तर की पुरातात्विक खुदाई का उदाहरण। इस प्रकार की व्यापक खुदाई ने अहिच्छत्र को उत्तर भारत के पुरातत्व के लिए प्रामाणिक स्थल बनाया।

छायाचित्र 4-6: बड़ा वक्राकार मृदभांड खंड - विभिन्न कोणों से। लगभग 14 x 7 सेंटीमीटर, मोटाई 1.1 सेंटीमीटर। हल्का भूरा रंग, सतह पर खनिज जमाव। संभवतः मध्यम आकार के भंडारण पात्र (मटका) का अंश।

छायाचित्र 7-10: बड़े टुकड़े का समीपस्थ दृश्य - सतह का चूर्णयुक्त अपक्षय स्पष्ट, खनिज धब्बे, और छिद्र दिखाई देते हैं। यह अपक्षय प्रतिमान दीर्घकालीन भूमिगत दफन का संकेतक है।

छायाचित्र 11-13: छोटा नुकीला टुकड़ा - संभवतः पात्र की टोंटी अथवा हत्थे का जोड़। लगभग 3.5 सेंटीमीटर लंबा। शंक्वाकार आकार जानबूझकर दिया गया प्रतीत होता है।

छायाचित्र 14-19: दोनों टुकड़ों के विभिन्न प्रोफाइल दृश्य - वक्रता, मोटाई, और निर्माण की बारीकियाँ दिखाते हुए।

छायाचित्र 20: महत्वपूर्ण - ताजा तोड़ का अनुप्रस्थ काट दृश्य। क्षैतिज रेखाएँ स्पष्ट दिखाई दे रही हैं - ये कुंडली

निर्माण तकनीक के प्रमाण हैं। यह प्राचीन हस्त-निर्माण पद्धति का निर्णायक साक्ष्य है। आधुनिक चाक पर बने बर्तनों में ऐसी रेखाएँ नहीं होतीं।

छायाचित्र 21: खोज स्थल की मिट्टी - दो भिन्न परतें दिखाई दे रही हैं। मध्य में गहरा भूरा/राख-मिश्रित क्षेत्र (सांस्कृतिक परत - मानव गतिविधि का संकेत), आसपास हल्की धूसर प्राकृतिक मिट्टी। मृदभांड इन दोनों की संधि पर मिला था।

छायाचित्र 22: शुष्क मिट्टी नमूना - बर्तन की सतह से अलग की गई मिट्टी। हल्का भूरा रंग, बारीक दानेदार बनावट। अहिच्छत्र की विशिष्ट जलोढ़ मिट्टी से मेल खाता है। मिट्टी की यह मात्रा और दृढ़ चिपकाव दीर्घकालीन दफन का प्रमाण है।

छायाचित्र 23: प्रदर्शन बक्से में संरक्षित मृदभांड खंड - उचित लेबलिंग, छायाचित्रों और मिट्टी नमूने के साथ शैक्षणिक प्रदर्शन।

तकनीकी परिशिष्ट

खोज विवरण:

स्थल: अहिच्छत्र, रामनगर, बरेली जनपद, उत्तर प्रदेश

खोज तिथि: जनवरी 2025

स्थान: यूप स्तंभ स्मारक से लगभग 5 मीटर, मुख्य टीले के दक्षिण-पश्चिम किनारे पर

गहराई: भूमि सतह से 8-10 सेंटीमीटर

मिट्टी संदर्भ: धूसर राख-मिश्रित सांस्कृतिक परत और लाल-भूरी जलोढ़ मिट्टी के संधि स्थल पर

पुरावस्तु 1 - बड़ा वक्राकार खंड:

आकार: 14 x 7 x 1.1 सेंटीमीटर

रंग: हल्का भूरा/पीतवर्ण, काले एवं नारंगी खनिज धब्बों के साथ

बनावट: सतह खुरदरी और चूर्णयुक्त, आंतरिक भाग अत्यंत कठोर

प्रकार: साधारण लाल मृदभांड (Red Ware)

संभावित मूल: मध्यम से बड़े भंडारण पात्र का शरीर खंड

काल: 200 ई.पू. - 300 ई. (शुंग-कुषाण)

पुरावस्तु 2 - छोटा नुकीला टुकड़ा:

आकार: 3.5 x 2.5 सेंटीमीटर

रंग एवं बनावट: पुरावस्तु 1 के समान

आकृति: शंक्वाकार/नुकीला

संभावित मूल: पात्र की टोंटी अथवा हत्थे का संयोजन भाग

काल: पुरावस्तु 1 के समान (समान संदर्भ)

कालनिर्धारण आधार:

स्थलीय संदर्भ (यूप स्तंभ निकटता)

मृदभांड लक्षण (साधारण लाल मृदभांड)

निर्माण तकनीक (कुंडली निर्माण)

स्तरविन्यास (सांस्कृतिक परत में स्थिति)

तुलनात्मक साक्ष्य (1944 उत्खनन रिपोर्ट से)

संरक्षण स्थिति: स्थिर, उचित भंडारण में। आगे कोई क्षरण रोकने हेतु नियंत्रित वातावरण में रखा गया।

लेखक टिप्पणी: यह अध्याय मेरी व्यक्तिगत खोज और विश्लेषण पर आधारित है। हालांकि मैंने सभी उचित पुरातात्विक पद्धतियों का पालन किया है, फिर भी यह एक शौकिया पुरातत्ववेत्ता का कार्य है, न कि किसी व्यावसायिक उत्खनन का परिणाम। मेरा उद्देश्य बरेली की प्राचीन धरोहर के प्रति जागरूकता बढ़ाना और यह दिखाना है कि उचित पद्धतियों के साथ, एक सामान्य

नागरिक भी अपने क्षेत्र के इतिहास में योगदान कर सकता है।

समर्पण: यह अध्याय उन सभी को समर्पित है जो इतिहास को केवल पुस्तकों में ही नहीं, बल्कि अपने आसपास की धरती में भी खोजते हैं।

अध्याय समाप्त

Pottery Fragments - Archaeological Documentation

Ahichhatra Excavation Site, Bareilly

Image 1: 20260118_160754.webp

Large curved pottery rim fragment, approximately 5-6 inches long, showing weathered beige surface with dark deposits. Scale includes 10 rupee coin for size reference.

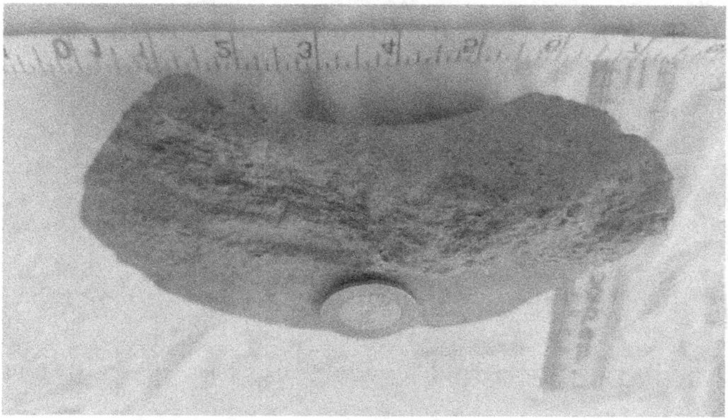

Image 2: 20260118_161030.webp

Irregular pottery fragment, roughly spherical shape, showing porous texture with visible inclusions. Displayed on measuring tape showing approximately 3 inches diameter.

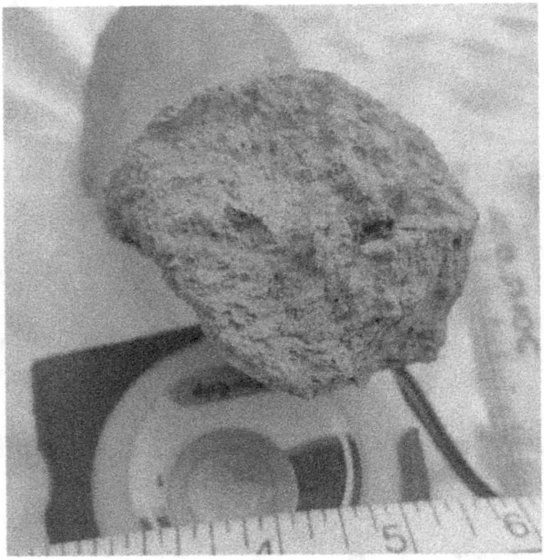

Image 3: 20260118_160956.webp

Same fragment as Image 2, different angle, showing surface texture and weathering patterns more clearly.

Image 4: 20260118_160908.webp

Large curved rim fragment (top/bottom view), approximately 4-5 inches long, displayed with ruler for measurement. Shows smooth interior surface.

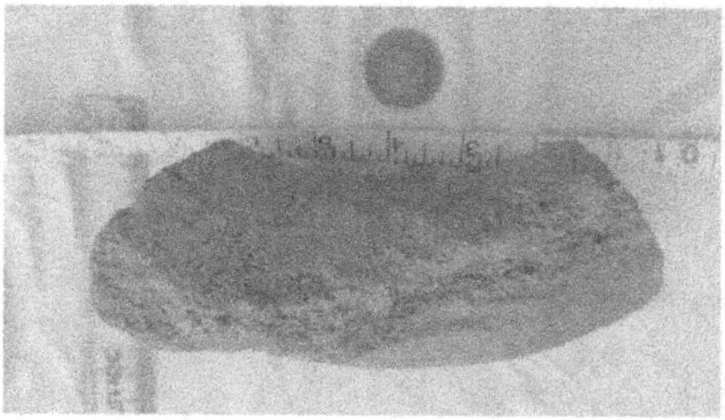

Image 5: 20260118_160840.webp

Underside of rim fragment showing maker's technique and interior texture with concave depression.

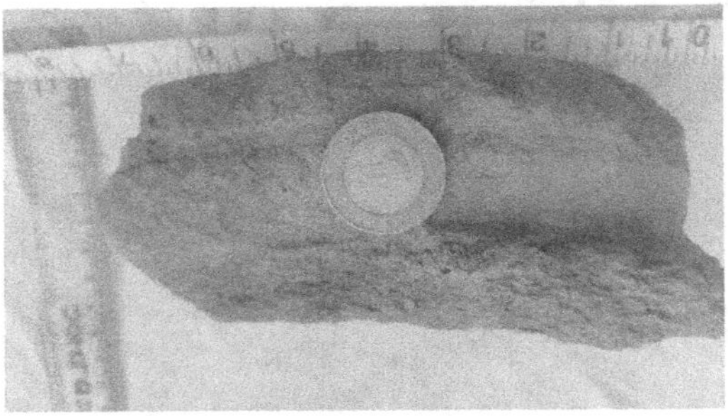

Image 6: 20260118_161036.webp

Same fragment showing edge profile and thickness, approximately 0.5-0.75 inches thick at rim.

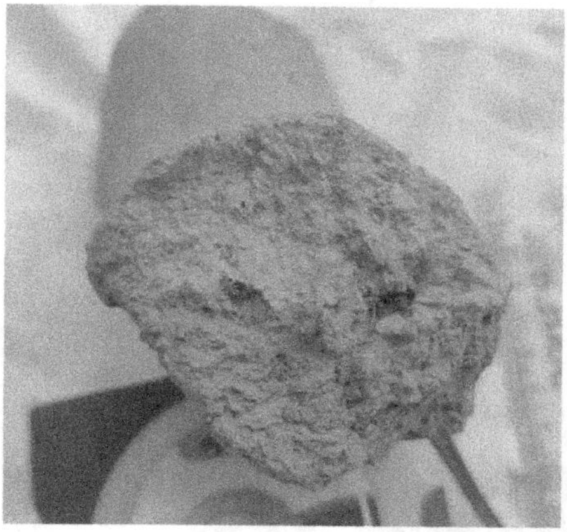

Image 7: 20260118_161633.jpg

Close-up detail of fragment surface showing fine texture, possible slip traces, and dark deposits.

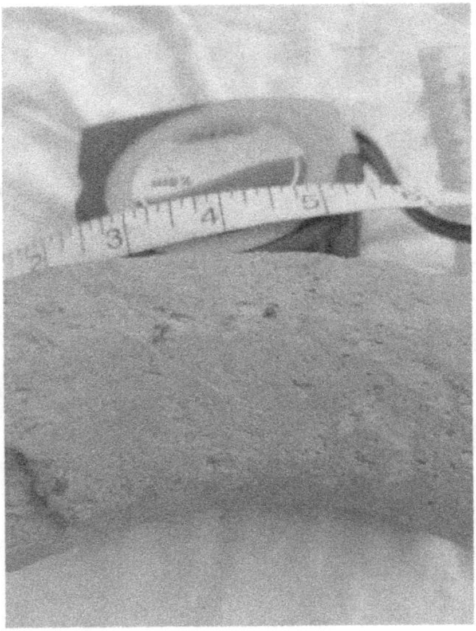

Image 8: 20260118_164634.webp

Small rectangular pottery fragment with parallel incised lines (decorative pattern), approximately 1.5 inches long.

Image 9: 20260118_164657.webp

Same decorated fragment showing the linear pattern with 10 rupee coin for scale comparison.

Image 10: 20260118_164739.webp

Small irregular fragment, approximately 1 inch, showing rough texture and weathered surface.

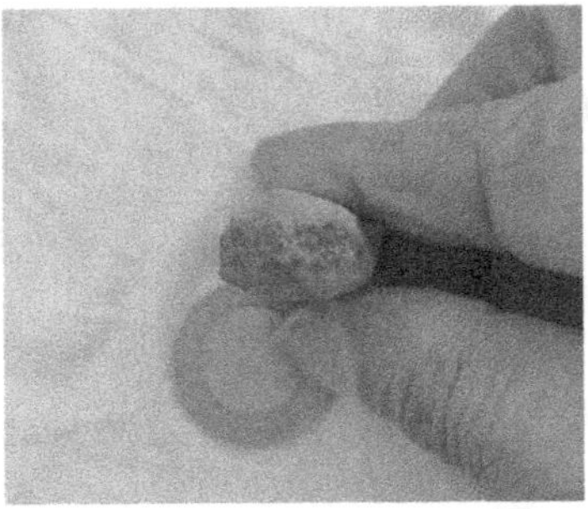

Image 11: 20260118_164753.webp

Elongated fragment showing smooth exterior with possible burnishing, approximately 2 inches long.

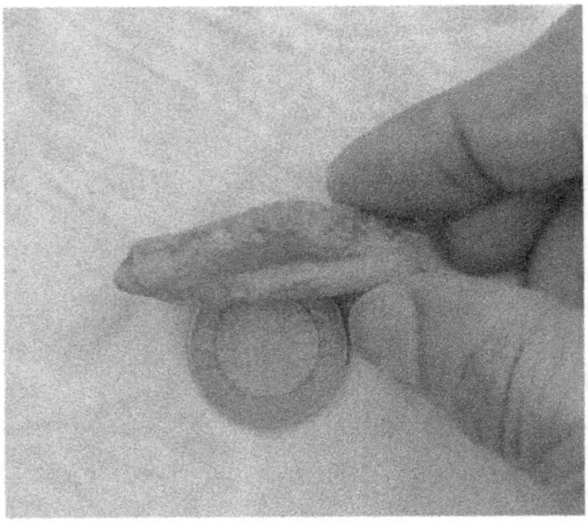

Image 12: 20260118_164759.webp

Thin flat fragment showing profile view, approximately 0.25 inch thick, with clean break edges.

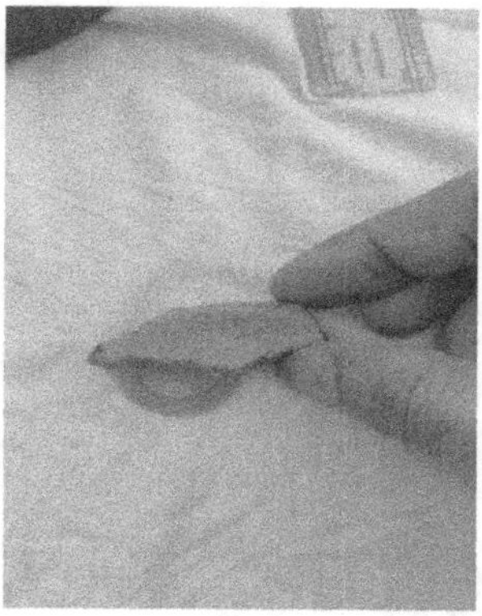

Image 13: 20260118_164814.webp

Irregular fragment with distinctive curved edge and surface texture variations.

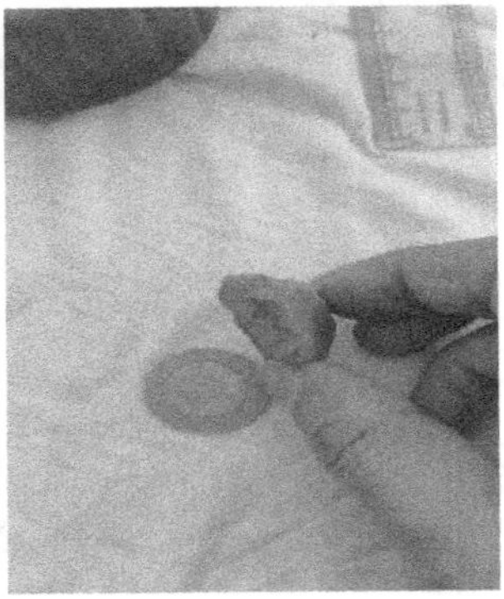

Image 14: 20260118_164938.webp

Large flat fragment with visible perforation (hole), approximately 3-4 inches diameter, showing deliberate manufacture.

Image 15: 20260118_164917.webp

Same perforated fragment from different angle, showing thickness and hole diameter more clearly.

Image 16: 20260118_164957.webp

Angular fragment showing weathered exterior with possible evidence of secondary firing or burning.

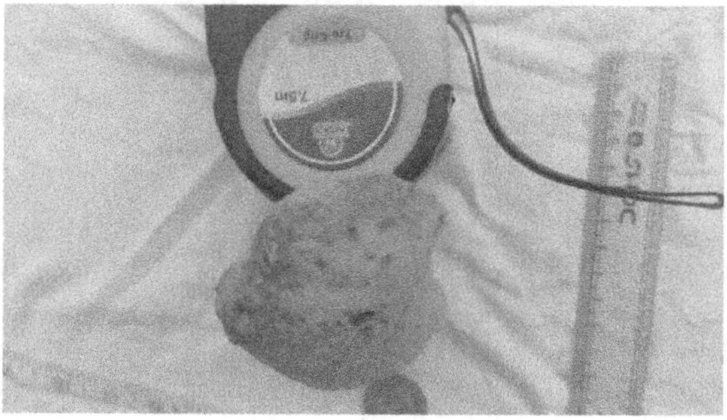

Image 17: 20260118_165012.webp

Rounded fragment showing smooth convex exterior, approximately 2.5 inches across.

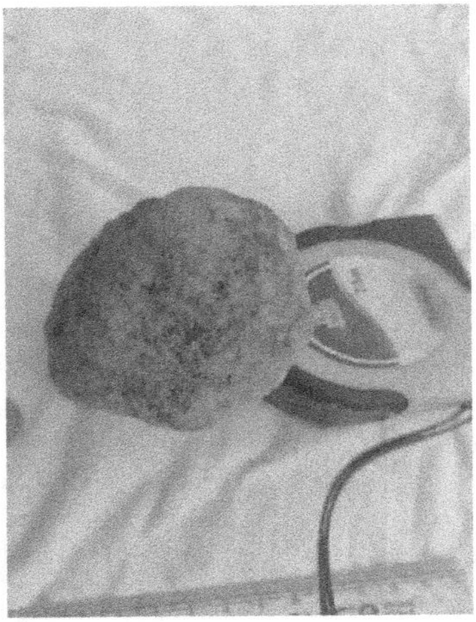

Image 18: 20260118_165228.webp

Fragment showing pronounced curvature and thick wall construction, approximately 0.75 inches thick.

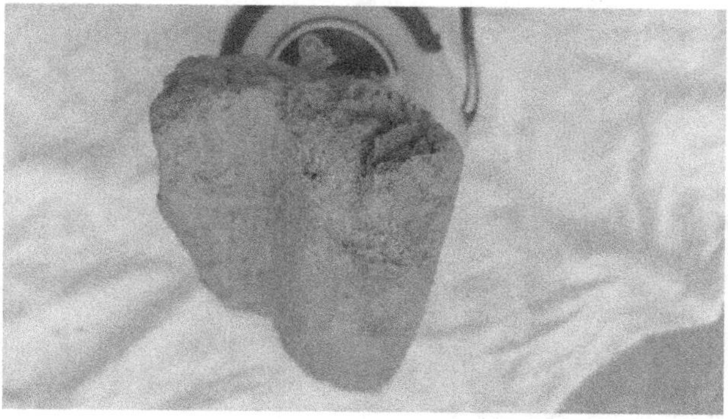

Image 19: 20260118_165127.webp

Large curved body sherd displaying weathered exterior with dark deposits, approximately 4 inches long.

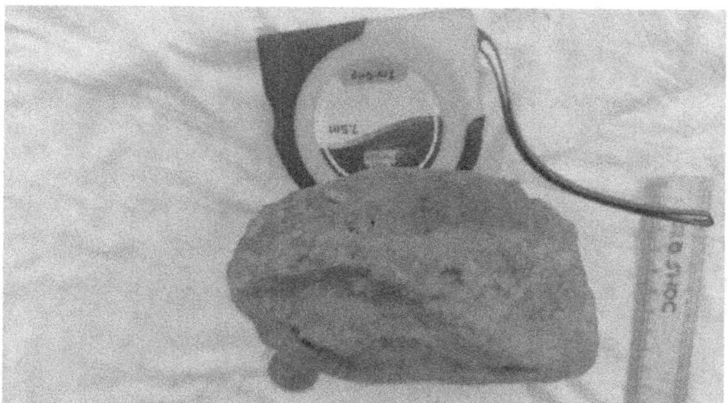

Image 20: 20260118_165109.webp

Same fragment showing smooth interior surface and vessel curvature.

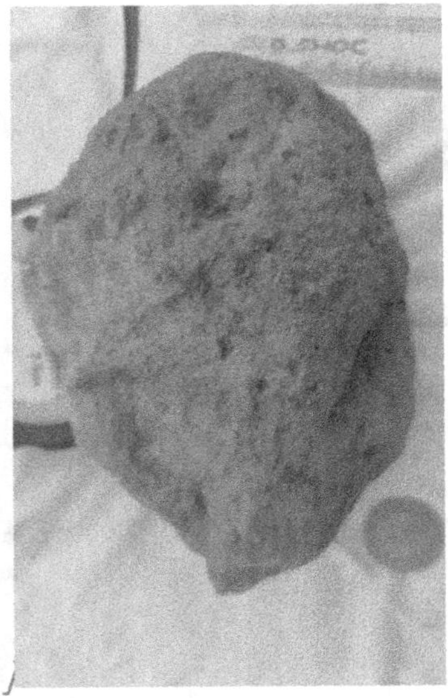

भाग 4 लीलोर झील - जहाँ यक्ष ने युधिष्ठिर से प्रश्न पूछे

लीलोर झील - यह नाम सुनते ही मन में एक जादुई अनुभूति होती है। क्योंकि यह सिर्फ एक झील नहीं है। यह महाभारत का एक जीवंत अध्याय है। यहीं पर यक्ष ने युधिष्ठिर से प्रश्न पूछे थे। यहीं पर पांडवों की जान बची थी। यहीं पर धर्मराज युधिष्ठिर ने अपनी बुद्धि और धर्मज्ञान का परिचय दिया था। और हम उसी झील को देखने जा रहे थे।

रास्ता - रामनगर से 13 किलोमीटर

ये झील रामनगर से लगभग 13 किलोमीटर दूर है। अहिच्छत्र से निकलकर हम रामनगर की तरफ गए। रामनगर - एक छोटा सा कस्बा। वहाँ से लीलोर का रास्ता शुरू होता है।

रास्ता अच्छा था। पक्की सड़क। दोनों तरफ खेत। हरे-भरे। धान के खेत। गेहूँ के खेत। सरसों के पीले फूल।

गाँव दिख रहे थे। छोटे-छोटे। कच्चे-पक्के घर। लोग अपने काम में लगे हुए।

बच्चे खेल रहे थे। कुछ साइकिल चला रहे थे। कुछ गेंद से खेल रहे थे।

यह असली भारत था। गाँव का भारत। जहाँ आज भी जीवन सरल है। प्रकृति के करीब है।

13 किलोमीटर का सफर बहुत जल्दी कट गया। क्योंकि हम बातें करते रहे। महाभारत की बातें। यक्ष प्रश्न की बातें।

और फिर... हमें दिखाई दी वो झील!

पहला नजारा - 50 हेक्टेयर का विस्तार

दूर से ही झील दिखाई दे गई। और क्या नजारा था! विशाल झील। फैली हुई। दूर-दूर तक। पानी चमक रहा था सूरज की रोशनी में। नीला पानी। साफ पानी।

यह झील सरकार द्वारा फिर से जिंदा की गई है।

हाँ, यह झील एक समय सूख गई थी। बिल्कुल सूख गई

थी। कई दशकों तक यह एक सूखा गड्ढा थी। कोई पानी नहीं। बस मिट्टी और घास।

लेकिन फिर सरकार ने इसे फिर से भरने का फैसला किया। एक अच्छा फैसला। इस ऐतिहासिक झील को बचाने का फैसला।

और अब देखिए - कितनी सुंदर है!

इसका आकार लगभग 50 हेक्टेयर है जो नैनीताल से भी बड़ा है।

50 हेक्टेयर! यानी लगभग 500,000 वर्ग मीटर! यानी 125 एकड़!

और नैनीताल से बड़ा! नैनीताल - जो उत्तराखंड की सबसे प्रसिद्ध झील है। पर्यटकों से भरी रहती है। लेकिन लीलोर उससे भी बड़ी है!

फिर भी लीलोर को कोई नहीं जानता। क्यों? यह सवाल था।

लेकिन पहले झील का आनंद लें। सवाल बाद में।

यक्ष प्रश्न - महाभारत की अमर कथा

यह वही झील है जहाँ महाभारत में यक्ष ने युधिष्ठिर से प्रश्न पूछे थे।

आइए, पहले वह कथा सुनें। वो अद्भुत कथा जो इस झील को अमर बनाती है।

वनवास का समय था।

पांडव वनवास में थे। 13 साल का वनवास। राज्य गंवा चुके थे। महलों से निकाल दिए गए थे। अब जंगलों में भटक रहे थे।

एक दिन, पांचों भाई जंगल में चल रहे थे। बहुत थके हुए। बहुत प्यासे।

सहदेव सबसे छोटा भाई था। उसे आगे भेजा पानी खोजने के लिए।

सहदेव चला गया। लेकिन वापस नहीं आया।

फिर नकुल गया। वो भी नहीं लौटा।

फिर अर्जुन। फिर भीम। एक-एक करके सब गए। लेकिन

कोई नहीं लौटा।

अब युधिष्ठिर चिंतित हो गए। चारों भाई गए हैं, कोई वापस नहीं आया। क्या हुआ होगा?

युधिष्ठिर खुद चल पड़े।

और फिर उन्होंने देखा - एक सुंदर झील।

साफ पानी। ठंडा पानी। लेकिन झील के किनारे - चारों भाई बेहोश पड़े थे!

युधिष्ठिर दौड़कर गए। "भीम! अर्जुन! क्या हुआ तुम्हें?"

लेकिन वे उठे नहीं। जैसे मर गए हों।

युधिष्ठिर को बहुत प्यास लगी थी। उन्होंने सोचा - पहले पानी पी लूँ, फिर देखता हूँ क्या हुआ है।

वे झील की तरफ बढ़े। पानी पीने के लिए झुके।

तभी - एक गंभीर आवाज गूँजी -

"रुको!"

युधिष्ठिर चौंक गए। चारों तरफ देखा। कोई नहीं दिखा।

फिर पानी से एक आकृति उभरी। एक विशाल सारस।

लेकिन ह कोई साधारण सारस नहीं था। यह यक्ष था -

एक दैवी प्राणी।

यक्ष बोला - "यह मेरी झील है। तुम्हारे भाइयों ने मेरी चेतावनी नहीं सुनी। बिना मेरे प्रश्नों के उत्तर दिए, पानी पीना चाहा। इसलिए वे इस हाल में हैं।"

युधिष्ठिर ने कहा - "मैं तुम्हारे प्रश्नों के उत्तर दूँगा। पूछो।"

और फिर शुरू हुआ वो अद्भुत संवाद।

यक्ष ने कई प्रश्न पूछे। गहरे प्रश्न। जीवन के बारे में। धर्म के बारे में। सत्य के बारे में।

कुछ प्रसिद्ध प्रश्न:

यक्ष: "किम् आश्चर्यम्?" - सबसे बड़ा आश्चर्य क्या है?

युधिष्ठिर: "अहन्यहनि भूतानि गच्छन्तीह यमालयम्। शेषाः स्थिरत्वम् इच्छन्ति किम् आश्चर्यम् अतः परम्॥"

"हर रोज प्राणी मृत्यु के घर जाते हैं। फिर भी बाकी लोग सोचते हैं कि वे अमर हैं। इससे बड़ा आश्चर्य क्या हो

सकता है?"

यक्षः "किं पन्थाः?" - रास्ता क्या है?

युधिष्ठिरः "तर्को ऽप्रतिष्ठः श्रुतयो विभिन्नाः। नैको ऋषिर्यस्य मतं प्रमाणम्। धर्मस्य तत्वं निहितं गुहायां महाजनो येन गतः स पन्थाः॥"

"तर्क अनिश्चित है। वेद भी अलग-अलग बातें कहते हैं। कोई एक ऋषि नहीं जिसकी बात अंतिम हो। धर्म का तत्व गुफा में छुपा है। रास्ता वही है जिस पर महापुरुष चले हैं।"

ऐसे कई प्रश्न। हर प्रश्न गहरा। हर उत्तर बुद्धिमत्तापूर्ण। यक्ष बहुत प्रसन्न हुआ। उसने कहा - "तुम्हारे उत्तर सही हैं। मैं तुम्हारे एक भाई को जीवित कर सकता हूँ। चुनो कौन सा।"

युधिष्ठिर ने कहा - "नकुल को।"

यक्ष हैरान हुआ - "नकुल को? भीम और अर्जुन नहीं? वे तो तुम्हारे सबसे शक्तिशाली भाई हैं।"

युधिष्ठिर बोले - "मेरे पिता की दो पत्नियाँ थीं। कुंती

और माद्री। कुंती के पुत्र - मैं और भीम - जीवित हैं। माद्री के दोनों पुत्र - नकुल और सहदेव - मरे हुए हैं। यह अन्याय है। माद्री का कम से कम एक पुत्र जीवित रहना चाहिए।"

यक्ष बहुत प्रभावित हुआ। इतनी न्यायप्रियता! इतना धर्म!

यक्ष ने कहा - "तुम सच में धर्मराज हो। मैं तुम्हारे चारों भाइयों को जीवित करता हूँ।"

और चारों भाई उठ खड़े हुए।

यक्ष कोई और नहीं - खुद युधिष्ठिर के पिता यमराज थे। वे अपने पुत्र की परीक्षा लेने आए थे। और युधिष्ठिर ने परीक्षा में सफलता पाई।

यह है यक्ष प्रश्न की अमर कथा। और यह कथा इसी झील से जुड़ी है। इसी लीलोर झील से।

नाव की सवारी - 10 सीटर, 200 रुपये

झील पर पहुँचकर हमने नाव की सवारी का आनंद लिया।

झील के किनारे एक छोटा सा घाट था। वहाँ नावें खड़ी थीं। रंग-बिरंगी। लाल, नीली, हरी।

एक आदमी खड़ा था - शायद नाव चलाने वाला।

"नाव चलाएंगे?" मैंने पूछा।

"हाँ साहब, बिल्कुल। 10 लोग बैठ सकते हैं। 200 रुपये।"

200 रुपये! बहुत reasonable था। दिल्ली में, नैनीताल में तो इससे बहुत ज्यादा लगता है।

"चलिए।"

हम सब नाव में बैठ गए। मैं, मनीषा, बच्चे। नाव वाला भी बैठा। उसने पतवार उठाई।

और नाव चल पड़ी।

पानी बहुत साफ था। इतना साफ कि नीचे दिख रहा था। कुछ मछलियाँ तैर रही थीं। छोटी-छोटी।

हवा चल रही थी। ठंडी हवा। बहुत सुखद।

नाव धीरे-धीरे झील के बीच में जा रही थी। किनारे दूर होते जा रहे थे।

चारों तरफ पानी ही पानी। नीला आसमान। सफेद बादल। हरे पेड़ किनारे पर।

कितना सुंदर था यह!

बच्चे बहुत खुश थे। हाथ पानी में डाल रहे थे। छींटे मार रहे थे।

"ताऊ जी , यह झील कितनी पुरानी है?" आयुष ने पूछा।

"हजारों साल पुरानी। महाभारत के समय से। यानी 5000 साल।"

"Wow!"

हम कुछ देर नाव में बैठे रहे। बातें करते रहे। नजारा देखते रहे। फोटो खींचते रहे।

यह एक शांत, सुखद अनुभव था। बीच झील में। 5000 साल पुरानी झील में। जहाँ कभी युधिष्ठिर आए थे।

ट्रेन की सवारी - 10 रुपये का मजा

नाव के अलावा यहाँ एक छोटी ट्रेन भी चलती है - सिर्फ 10 रुपये में।

हाँ, एक टॉय ट्रेन! बच्चों के लिए। और बड़ों के लिए भी!

यह झील के चारों तरफ घूमती है। पटरियाँ बिछी हुई हैं। और एक छोटा इंजन। उसके पीछे 4-5 डिब्बे।

"ताऊ जी , हम ट्रेन में भी बैठेंगे?" लक्ष्य ने पूछा।

"हाँ, बिल्कुल!"

ट्रेन के पास गए। टिकट लिया - 10 रुपये प्रति व्यक्ति। सब बैठ गए। इंजन की सीटी बजी। टुन-टुन! और ट्रेन चल पड़ी।

धीरे-धीरे। खट-खट खट-खट की आवाज करती हुई। बच्चों के लिए बिल्कुल सही।

ट्रेन झील के किनारे-किनारे चल रही थी। दाईं तरफ पानी। बाईं तरफ पेड़। सामने रास्ता।

पूरे झील का चक्कर - लगभग 15-20 मिनट में।

बच्चे बहुत खुश थे। मनीषा भी हंस रही थी। मैं भी मुस्कुरा रहा था।

मास्टर साहब से मुलाकात - झील का इतिहास

वहाँ एक मास्टर साहब मिले जिनसे बातचीत में पता चला कि -

ट्रेन की सवारी के बाद, हम किनारे पर बैठे थे। थोड़ा आराम कर रहे थे।

तभी एक बुजुर्ग आदमी आए। सफेद बाल। धोती-कुर्ता। चेहरे पर ज्ञान की छाप। बहुत सौम्य।

उन्होंने नमस्ते की। हमने भी।

"आप बाहर से आए हैं?" उन्होंने पूछा।

"हाँ, बरेली से।"

"अच्छा! बहुत अच्छा। झील कैसी लगी?"

"बहुत सुंदर। लेकिन हमें बहुत कम लोगों को यहाँ के बारे में पता है।"

"हाँ, यही तो समस्या है।" वे बोले।

मैंने पूछा - "आप कौन हैं?"

"मैं यहाँ के स्कूल में मास्टर था। रिटायर हो गया हूँ। लेकिन अभी भी रोज़ यहाँ आता हूँ। यह झील मुझे बहुत प्यारी है।"

"आपको इस झील के बारे में बहुत पता होगा?"

"हाँ, मैंने इसे बचपन से देखा है। और इसके बारे में बहुत पढ़ा है भी।"

"तो बताइए ना कुछ।"

और मास्टर साहब ने बहुत रोचक बातें बताईं।

रामगंगा का संबंध - अब और पहले

पहले यह झील रामगंगा नदी से जुड़ी हुई थी और रामगंगा का पानी इसमें आता था।

मास्टर साहब बोले - "देखिए साहब, यह झील प्राकृतिक थी। रामगंगा नदी यहाँ से बहती थी। और कुछ मौसम में, खासकर बरसात में, रामगंगा का पानी इस झील में आ जाता था।"

"तो झील हमेशा भरी रहती थी?"

"हाँ, हमेशा। कभी सूखती नहीं थी। क्योंकि रामगंगा से पानी आता रहता था। और यहाँ से नालियाँ भी निकलती थीं। तो पानी बहता भी रहता था। ठहरा हुआ नहीं था।"

"तो फिर यह कैसे सूख गई?"

"साहब, रामगंगा का रास्ता बदल गया।"

"रास्ता बदल गया? कैसे?"

"नदियाँ अपना रास्ता बदलती रहती हैं। खासकर मैदानी इलाकों में। कभी यहाँ बहती हैं, कभी वहाँ। मिट्टी जमा हो जाती है, तो नया रास्ता बना लेती हैं।"

हाँ, यह सही है। मैंने पढ़ा था। नदियाँ जीवित हैं। वे स्थिर नहीं रहतीं।

"तो रामगंगा ने अपना रास्ता बदला। यहाँ से दूर चली गई। और झील में पानी आना बंद हो गया।"

"फिर?"

"फिर धीरे-धीरे झील सूखने लगी। पानी का कोई स्रोत नहीं था। गर्मियों में वाष्पीकरण होता रहा। और 30-40

साल पहले यह पूरी तरह सूख गई।"

कितना दुखद! महाभारत की यह पवित्र झील सूख गई। एकदम सूखी।

"लेकिन अब?"

"अब सरकार ने 4 ट्यूबवेल लगाए हैं।"

4 ट्यूबवेल - कृत्रिम व्यवस्था

हाँ, अब यह झील 4 ट्यूबवेल से भरी जाती है।

मास्टर साहब ने इशारा करके दिखाया - "वो देखिए, झील के चारों कोनों में ट्यूबवेल हैं। बड़े-बड़े। बहुत गहरे - शायद 200-300 फुट।"

मैंने देखा। हाँ, दूर से पंप दिख रहे थे।

"ये ट्यूबवेल दिन-रात चलते रहते हैं। भूमिगत पानी निकालते हैं। और झील को भरते रहते हैं।"

"लेकिन यह तो अच्छी बात है ना। कम से कम झील भर तो गई।"

"हाँ, यह अच्छा है। झील फिर से जीवित हो गई।

लेकिन..."

"लेकिन?"

"लेकिन यह प्राकृतिक नहीं है। यह कृत्रिम है। ट्यूबवेल बंद कर दो, तो झील फिर सूख जाएगी।"

यह सही था। प्राकृतिक झील तो वही होती है जो नदी या बारिश के पानी से भरती है। ट्यूबवेल से भरना - यह तो artificial है।

"और साहब, एक और समस्या है।"

"क्या?"

"भूमिगत जल स्तर गिर रहा है। हर साल थोड़ा। अगर यह ट्यूबवेल इतना पानी निकालते रहे, तो 20-30 साल में भूमिगत जल खत्म हो जाएगा।"

यह चिंता की बात थी। असली समाधान तो यह है कि रामगंगा को फिर से इस झील से जोड़ा जाए। लेकिन वह बहुत बड़ा काम है।

जमीन का कब्जा - सिकुड़ती झील

जमीन का कब्जा भी किया गया था जिसके चलते इस झील का भूभाग भी कम हो गया था।

मास्टर साहब ने एक और दुखद बात बताई।

"साहब, आप जो झील देख रहे हैं - यह असली आकार नहीं है।"

"मतलब?"

"पहले यह और भी बड़ी थी। शायद 70-80 हेक्टेयर।"

"तो अब?"

"अब 50 हेक्टेयर। 20-30 हेक्टेयर जमीन गायब हो गई।"

"कैसे?"

"कब्जा। जब झील सूख गई, तो लोगों ने धीरे-धीरे जमीन पर कब्जा करना शुरू कर दिया। पहले किनारे पर। फिर अंदर तक।"

"कुछ लोगों ने खेत बना लिए। कुछ ने घर। कुछ ने दुकान।"

"और सरकार ने कुछ नहीं किया?"

"साहब, जब झील सूखी थी, तो किसी को परवाह नहीं थी। लोग भूल ही गए थे कि यह झील थी। तो कब्जे होते रहे।"

"अब जब फिर से भरी है, तो सरकार ने कुछ जमीन वापस ले ली। लेकिन सब नहीं। कुछ कब्जे अभी भी बने हुए हैं।"

यह बहुत दुखद था। एक ऐतिहासिक झील। महाभारत से जुड़ी। और लोगों ने उस पर कब्जा कर लिया।

यही होता है जब सरकार ध्यान नहीं देती। जब लोगों में गरूकता नहीं होती।

विकास के प्रयास - सड़क और रोशनी

झील की तरफ पक्की सड़क है और दोनों तरफ लैंप लगे हुए हैं जो शाम 6 बजे जल जाते हैं।

यह अच्छी बात थी। सरकार ने कुछ विकास तो किया है।

सड़क बहुत अच्छी थी। पक्की। चौड़ी। दोनों तरफ से गाड़ियाँ आ-जा सकती थीं।

और दोनों तरफ लैंप पोस्ट लगे थे। सफेद रंग के। सुंदर। आधुनिक।

मास्टर साहब ने बताया - "ये लैंप शाम 6 बजे automatic जल जाते हैं। सुबह 6 बजे बुझ जाते हैं।"

"तो शाम को भी लोग आते हैं?"

"हाँ, शाम को बहुत सुंदर लगता है। रोशनी में झील और भी खूबसूरत लगती है। लोग आते हैं। घूमते हैं। बैठते हैं। आराम करते हैं।"

यह बहुत अच्छा था। इससे झील का उपयोग बढ़ता है। लोग आते हैं। जागरूकता बढ़ती है।

गाँव का भ्रमण - आयुष के साथ

आयुष के साथ में उस गाँव का भ्रमण किया।

झील देखने के बाद, हमने सोचा - चलो, आसपास के गाँव भी देख लें।

मैं और आयुष निकल पड़े। बाकी लोग झील के किनारे ही रुके।

गाँव छोटा था। सीधी-सादी गलियाँ। कच्चे-पक्के घर। लोग अपने-अपने काम में लगे हुए।

कुछ औरतें चूल्हे पर खाना बना रही थीं। धुआँ उठ रहा था।

कुछ बच्चे खेल रहे थे। गली में। गेंद से। गुल्ली डंडा से।

कुछ आदमी चारपाई पर बैठे बातें कर रहे थे।

बहुत शांत। बहुत सरल। यही तो असली भारत है।

लक्ष्य का सवाल - ठाकुर और जाटव

लक्ष्य ने पूछा, "यहाँ ठाकुर और जाटव दो जातियाँ हैं, यह क्या है?"

हम गाँव में घूम रहे थे। तभी लक्ष्य ने एक बोर्ड देखा। किसी दुकान पर। उस पर लिखा था - "रामप्रसाद ठाकुर - किराना"।

फिर थोड़ा आगे एक और बोर्ड - "सोहनलाल जाटव - लुहार"।

लक्ष्य ने पूछा - "ताऊ जी , ये ठाकुर और जाटव क्या है? हर नाम के पीछे लिखा है।"

यह एक महत्वपूर्ण सवाल था। और इसका जवाब देना जरूरी था।

मैंने कहा - "बेटा, ये जाति हैं।"

"जाति?"

"हाँ। भारत में एक पुरानी व्यवस्था है - जाति व्यवस्था। लोगों को उनके काम के आधार पर, या जन्म के आधार पर, अलग-अलग जातियों में बांटा गया था।"

"लेकिन क्यों?"

"यह बहुत पुरानी बात है। हजारों साल पहले शुरू हुई। उस समय समाज को व्यवस्थित करने के लिए यह किया गया था। अलग-अलग काम के लिए अलग-अलग लोग।"

वर्ण और जाति का अंतर

मैंने उसे समझाया कि वर्ण और जाति में अंतर है।

"देखो बेटा, पहले वर्ण व्यवस्था थी। चार वर्ण - ब्राह्मण, क्षत्रिय, वैश्य, शूद्र।"

"यह काम के आधार पर थी। ब्राह्मण - पढ़ाई-लिखाई, पूजा-पाठ करते थे। क्षत्रिय - लड़ाई करते थे, राज करते थे। वैश्य - व्यापार करते थे। शूद्र - सेवा का काम करते थे।"

"और यह जन्म से नहीं होती थी। अगर कोई ब्राह्मण के घर जन्मा लेकिन उसे पढ़ाई में interest नहीं, तो वो क्षत्रिय बन सकता था।"

"लेकिन बाद में यह बदल गई। जन्म के आधार पर हो गई। और फिर बहुत सारी जातियाँ बन गईं। सैकड़ों जातियाँ। हर इलाके में अलग।"

"ठाकुर - यह एक उच्च जाति है। परंपरागत रूप से ये क्षत्रिय थे। राजा, जमींदार।"

"जाटव - यह एक निम्न जाति मानी जाती थी। परंपरागत रूप से ये चमड़े का काम करते थे।"

लक्ष्य ने पूछा - "लेकिन यह तो गलत है ना? सब लोग बराबर होने चाहिए।"

मैं खुश हुआ। नई पीढ़ी सोचती है सही।

"बिल्कुल सही कहा तुमने। यह गलत है। और अब यह खत्म हो रही है। धीरे-धीरे। कानून में सब बराबर हैं। लेकिन समाज में अभी भी कुछ जगह यह बाकी है।"

"हमें इसे पूरी तरह खत्म करना चाहिए।"

"हाँ बेटा, बिल्कुल।"

यह एक अच्छी बातचीत थी। लक्ष्य को जाति व्यवस्था के बारे में पता चला। और यह भी पता चला कि यह गलत है।

तीन गाँव - लीलोर का विस्तार

यहाँ तीन गाँव हैं - लीलोर बुजुर्ग, लीलोर सहसा और तीसरे लीलोर चरम .

हम घूमते-घूमते मास्टर साहब से फिर मिले। उन्होंने बताया -

"साहब, यहाँ तीन गाँव हैं। सब मिलकर लीलोर कहलाते हैं।"

"तीन?"

"हाँ। पहला - लीलोर बुजुर्ग। यह सबसे पुराना गाँव है। बुजुर्ग यानी बड़ा, प्राचीन। यहाँ सबसे पहले बस्ती बसी थी। शायद 500-600 साल पहले।"

"दूसरा - लीलोर सहसा । यह बाद में बसा। शायद 200-300 साल पहले। जब लीलोर बुजुर्ग में जगह कम पड़ने लगी, तो लोग उत्तर की तरफ बसने लगे।"

"और तीसरा?"

लीलोर चरम

"लेकिन तीनों मिलकर एक ही क्षेत्र हैं। सबका पिन कोड एक। सब लोग एक-दूसरे को जानते हैं। शादी-ब्याह, त्योहार - सब साथ मनाते हैं।"

सरकार के प्रयास - पिकनिक स्पॉट और गेस्ट हाउस

सरकार इसे पिकनिक स्पॉट के रूप में विकसित कर रही है और गेस्ट हाउस भी बना रही है।

मास्टर साहब ने बताया - "सरकार ने यहाँ कुछ अच्छा काम किया है।"

"क्या?"

"पहला तो - झील को फिर से भरा। यह सबसे बड़ी बात है।"

"फिर - यहाँ सड़क बनाई। लैंप लगाए। पार्क बनाया। बैठने के लिए बेंच। बच्चों के लिए झूले।"

मैंने देखा। हाँ, थोड़ा दूर एक छोटा सा पार्क था। घास लगी हुई। कुछ पेड़। बेंच। और झूले भी।

"और अब गेस्ट हाउस बना रहे हैं।"

"गेस्ट हाउस? यहाँ?"

"हाँ, वो देखिए।" मास्टर साहब ने इशारा किया।

मैंने देखा। झील के एक किनारे पर निर्माण हो रहा था।

ईंटें, सीमेंट, रेत - सब दिख रहा था। कुछ मजदूर काम कर रहे थे।

"यह 10-12 कमरों का गेस्ट हाउस होगा। लोग यहाँ रुक सकेंगे। आराम से 2-3 दिन यहाँ बिता सकेंगे।"

"बहुत अच्छी बात है।"

"हाँ साहब। सरकार का plan है कि इसे एक tourism destination बनाया जाए। लोग यहाँ आएं। झील देखें। नाव चलाएं। गाँव देखें। प्रकृति का आनंद लें।"

"और महाभारत के बारे में भी जानें।"

"हाँ, वो भी। वो तो सबसे बड़ी बात है। यह महाभारत की झील है। यक्ष प्रश्न यहीं हुए थे। इससे बड़ा attraction क्या हो सकता है?"

यह सही था। अगर सही तरीके से प्रचार किया जाए, तो यह जगह बहुत famous हो सकती है।

सबसे बड़ी समस्या - प्रचार की कमी

लेकिन यहाँ पर किसी भी तरह का प्रचार नहीं है जिसके कारण बरेली के लोग भी नहीं जानते इसके बारे में। और यह सबसे बड़ी समस्या है।

मैंने मास्टर साहब से पूछा - "आप बता रहे थे कि सरकार विकास कर रही है। लेकिन लोग आते क्यों नहीं? हमने तो बरेली में किसी से नहीं सुना इस झील के बारे में।"

मास्टर साहब ने गहरी सांस ली। "यही तो समस्या है साहब। Publicity नहीं है।"

"सरकार ने झील बनाई। सड़क बनाई। पार्क बनाया। गेस्ट हाउस बना रहे हैं। लेकिन लोगों को बताया नहीं।"

"कोई होर्डिंग नहीं। कोई विज्ञापन नहीं। कोई पर्यटन विभाग का brochure नहीं। कुछ नहीं।"

"बरेली में लोगों को नहीं पता। मुरादाबाद में नहीं पता। दिल्ली में तो बिल्कुल नहीं पता।"

"सिर्फ आसपास के गाँव वाले जानते हैं। और वे भी सब नहीं।"

यह बहुत दुखद था। इतनी सुंदर झील। इतना समृद्ध इतिहास। लेकिन कोई जानता नहीं।

"मैंने सरकार को कई बार लिखा है।" मास्टर साहब बोले। "कहा है - प्रचार करो। लोगों को बताओ। But कोई response नहीं।"

मैंने कहा - "मैं अपनी किताब में इसके बारे में लिखूंगा। विस्तार से। ताकि लोगों को पता चले।"

मास्टर साहब की आँखें चमक उठीं। "वाह! बहुत अच्छा। आप जरूर लिखिए। जितने ज्यादा लोग जानेंगे, उतना अच्छा।"

"और मैं social media पर भी share करूंगा। Facebook, Twitter, Instagram - सब जगह।"

"बहुत बढ़िया साहब। यही तो चाहिए। लोगों को जागरूक करना चाहिए।"

हम कुछ देर और बात करते रहे। फिर हमने मास्टर साहब को धन्यवाद दिया। और विदा ली।

उपसंहार - एक यादगार यात्रा का अंत

सूरज ढलने लगा था। शाम हो रही थी।

हमें वापस बरेली जाना था। लंबा सफर था।

हमने एक आखिरी बार झील को देखा। शाम की रोशनी में। सूरज की लाल-सुनहरी किरणें पानी पर पड़ रही थीं। पानी चमक रहा था। बहुत सुंदर लग रहा था।

बच्चे थक गए थे। लेकिन खुश थे। उन्हें बहुत मजा आया था।

मनीषा भी संतुष्ट लग रही थी। उसने कहा - "आज बहुत अच्छा दिन रहा।"

मैं भी बहुत खुश था। बहुत संतुष्ट था।

आज मैंने बहुत कुछ देखा। बहुत कुछ सीखा। बहुत कुछ अनुभव किया।

अहिच्छत्र में:

- मैंने 3000 साल पुराने अवशेष देखे। छुए। महसूस किए।

- मैंने पांचाल की राजधानी को देखा।

- मैंने श्रीपाल जी से बात की। Railway track की कहानी सुनी।

- मैंने मिट्टी की परतें समझीं। हर परत एक कहानी।

- और सबसे मजेदार - बकरी की लीद का भ्रम!

दूसरे टीले पर:

- मैंने 59 साल की उम्र में 6 फुट की दीवार पर चढ़ा।

- मैंने महसूस किया - जूनून हो तो उम्र सिर्फ एक नंबर है।

लीलोर झील में:

- मैंने महाभारत की पवित्र झील देखी।

- यक्ष प्रश्न की कहानी फिर से जी।

- नाव की सवारी का मजा लिया।

- ट्रेन में बैठे। सिर्फ 10 रुपये में!

- मास्टर साहब से मिला। बहुत कुछ सीखा।

- गाँव घूमा। लक्ष्य को जाति व्यवस्था समझाई।

और सबसे महत्वपूर्ण - मैंने तय किया कि मैं इन जगहों के बारे में लिखूंगा। विस्तार से। ताकि लोगों को पता चले।

ताकि अहिच्छत्र की उपेक्षा न हो। ताकि लीलोर झील famous हो। ताकि बरेली का गौरवशाली इतिहास सामने आए।

यह मेरा मिशन है। मेरा कर्तव्य है।

और यह यात्रा उसी मिशन का एक कदम था।

अगली यात्रा का वादा

मैंने श्रीपाल जी से वादा किया था - अगली बरसात में आऊँगा।

जब मानसून आएगा। जब तेज बारिश होगी। जब मिट्टी धुलेगी। जब नए अवशेष बाहर आएंगे।

तब मैं फिर अहिच्छत्र आऊँगा।

फिर खोजूंगा। फिर देखूँगा। फिर लिखूँगा।

क्योंकि यह सिर्फ एक यात्रा नहीं है। यह एक निरंतर

खोज है। बरेली के इतिहास की खोज। अपनी जड़ों की खोज।

और जब तक मैं जीवित हूँ, यह खोज जारी रहेगी।

59 साल की उम्र में, 6 फुट की दीवार पर चढ़ने वाला व्यक्ति - कभी नहीं रुकता।

क्योंकि - जब जूनून है, तो उम्र सिर्फ एक नंबर होती है।

आभार

इस यात्रा को संभव बनाने के लिए मैं कृतज्ञ हूँ:

• मनीषा - जो हमेशा मेरे साथ खड़ी रहती है, हर यात्रा में

• ग्रेसी और लक्ष्य - जिनके साथ यात्रा का मजा दोगुना हो जाता है

• श्रीपाल जी - जिन्होंने अहिच्छत्र के इतिहास को जीवंत किया

• मास्टर साहब - जिन्होंने लीलोर झील की सच्चाई बताई.

• रोहिलखंड विश्वविद्यालय के संग्रहालय - जहाँ से यह यात्रा शुरू हुई.

डा संजय गर्ग विभागाध्यक्ष प्लांट साइंस

राजीव यादव जी, क्यूरेटर पांचाल संग्रहालय, रोहिल खंड यूनिवर्सिटी, बरेली

डॉ. प्रिया सक्सेना प्रोफेसर , विभागाध्यक्ष, इतिहास विभाग, रोहिल खंड यूनिवर्सिटी, बरेली

• और वे सभी लोग - जो बरेली के इतिहास को संरक्षित रखने में लगे हैं

www.ingramcontent.com/pod-product-compliance
Lightning Source LLC
La Vergne TN
LVHW052036200926
848481LV00005B/1697
* 9 7 9 8 9 0 3 9 2 3 9 3 9 *